bettingen

Sibylle Meyzaud & Colette Schmyder

bettingen

GESCHICHTE EINES DORFES
SIBYLLE MEYRAT UND ARLETTE SCHNYDER

FRIEDRICH REINHARDT VERLAG

Was lange währt, wird endlich gut!

Die Idee und der Wunsch, den beiden bereits seit Langem vergriffenen Ausgaben «Geschichte des Dorfes Bettingen» eine aktualisierte Neufassung folgen zu lassen, entstand bereits 1995 im Gemeinderat. Denn Bettingen hat sich in den vergangenen fünfzig Jahren stark entwickelt; das ehemalige Bauerndorf ist heute ein begehrter Wohnort mit rund 1200 Einwohnerinnen und Einwohnern im Kanton Basel-Stadt.

Die 1997 an den Historiker Michael Raith in Auftrag gegebene Neufassung und Aktualisierung der Ortsgeschichte Bettingen kam leider durch dessen unerwartet frühen Tod 2005 zum Stillstand. Nur seine bis dahin zusammengetragenen Informationen blieben uns erhalten. Es galt, eine Nachfolge zu finden, was Zeit beanspruchte und nicht einfach war.

Wie gut, dass wir nach verschiedenen Anfragen auf Dr. Arlette Schnyder aufmerksam wurden. Sie war sofort begeistert und schlug Sibylle Meyrat als Koautorin vor. Die beiden Historikerinnen erhielten schliesslich den Auftrag, die Ortsgeschichte von Bettingen neu aufzuarbeiten. Das Konzept und die mögliche Gestaltung wurden besprochen, in den begleitenden Lenkungsausschuss wählte der Gemeinderat Anna Tanner-Frei, Willi Bertschmann-Unholz und Katharina Näf, die Leiterin Verwaltung.

Recherchen in unzähligen Schriften, im Gemeinde-, Staats- und Bundesarchiv sowie viele Gespräche und Interviews mit Personen aus Bettingen und Riehen boten dem Autorinnen-Team Stoff und Informationen für dieses neue Zeitdokument.

Wir danken allen Beteiligten herzlich, die zum Gelingen dieses Buches beigetragen haben – sei es mit Auskünften und Erzählungen in interessanten Gesprächen, mit Informationen, Archivmaterialien oder mit zur Verfügung gestellten Fotos aus Familienalben. Sie alle haben ermöglicht, dass nun Bettingens Geschichte allen Interessierten in einer modernen Fassung zugänglich ist.

Den beiden erfahrenen Autorinnen ist es gelungen, zusammen mit der Fotografin Ursula Sprecher und der Grafikerin Sylvia Pfeiffer ein spannendes, informatives und den heutigen Gestaltungsmöglichkeiten entsprechend sehr schön illustriertes Werk zu schaffen, das die Einwohnerschaft von Bettingen mit grosser Spannung erwartete und nun sicher begeistert aufnehmen wird.

Wir gratulieren dem Team zu seiner äusserst sorgfältigen Arbeit und freuen uns ganz besonders, dass die neue, aktuelle Ortsgeschichte von Bettingen wie geplant in sehr kurzer Zeit entstehen konnte.

Viel Vergnügen beim Lesen!

Im Namen des Gemeinderats Bettingen
Willi Bertschmann-Unholz, Gemeindepräsident
Im März 2011

An einem Tag wie diesem fällt der Schnee in dicken Flocken vom Himmel. Der Bus, der von Riehen nach Bettingen fährt, ist voller Kinder. In dicke Jacken, Mützen und Schals gepackt, Holz- und Plastikschlitten im Arm, fahren sie auf die Chrischona, um dort die weiss verpulverten Hänge herunter zu schlitteln. Laute, ausgelassene Stimmen lassen ihre Vorfreude erahnen.

Die Hügel und Wälder am Ausläufer des Dinkelbergs waren es auch, die uns nach Bettingen lockten, lange bevor wir die erste Zeile über die Geschichte dieses Dorfes lasen oder schrieben. Auf ausgedehnten Spaziergängen gewannen wir Abstand zur Stadt, fühlten uns dem Himmel etwas näher und stapften durch die herbstbunten Wälder. Gleich hinter dem Chrischonaturm beginnt ein anderes Land. Das wirkte aus Kinderaugen abenteuerlich und war in Form von Grenzwächtern, Schutzhütten und Barrieren noch klarer spürbar als heute.

Wieder fällt Schnee. Der Auftrag, für Bettingen eine neue Ortsgeschichte zu schreiben, liess uns während eines Jahres, von Winter zu Winter, viele Ausflüge ins kleine Dorf am Abhang des Dinkelbergs unternehmen, das wir nun mit neuen Augen sahen. Neben den Wiesen und Wäldern interessierten uns vermehrt auch die Häuser und Menschen. Nur wenige Kilometer vom Basler Marktplatz entfernt, tauchten wir in eine uns zuvor unbekannte Welt ein. Eine Welt, in der die Erinnerungen an die Vergangenheit in einzelnen Stuben wie kostbare Schätze gehütet werden. Erstaunt und dankbar waren wir über die grosse Offenheit, mit der diese mit uns geteilt wurden. Im Gespräch mit Menschen, die ihre Kindheit in der ersten Hälfte des 20. Jahrhunderts in Bettingen verbracht hatten, wurde uns der enorme Wandel bewusst, den das Dorf seither durchlaufen hat.

Diesen Wandel aufzuzeigen, ist ein zentrales Anliegen des vorliegenden Buches. In acht Kapiteln erzählen wir Bettingens Geschichte und Geschichten entlang thematischer Schwerpunkte. Dabei wird das Dorf aus verschiedenen Perspektiven beleuchtet: Im ersten Kapitel stehen seine Lage am höchsten Punkt des Kantons, seine Flora und Fauna im Zentrum. Das zweite Kapitel beschäftigt sich mit den Besonderheiten seines politischen Systems. Das dritte Kapitel zeigt auf, wie stark sich die Erschliessung Bettingens auf das wachsende Dorf auswirkte, und das darauffolgende Kapitel vollzieht Bettingens Verwandlung vom Bauerndorf zum einkommensstarken Wohnort nach. Die Themen Arbeit, Bildung und Kultur werden in den Kapiteln fünf und sechs vorgestellt. Dem Einfluss der nahen Landesgrenze einst und heute widmet sich das siebte Kapitel. Zum Abschluss wird der Frage nach der Rolle von Kirchen und Konfessionen nachgegangen.

Mit der «Geschichte des Dorfes Bettingen», die Pfarrer Ludwig Emil Iselin im Jahr 1913 verfasste und der Basler Staatsarchivar Albert Bruckner fünfzig Jahre später aktualisierte, liegen bereits zwei historische Darstellungen vor, die weiterhin lesenswert bleiben und auf die wir für unsere Arbeit zurückgreifen konnten. Als unverzichtbare Quellen erwiesen sich auch die Materialsammlungen des Riehener Pfarrers und Historikers Michael Raith und des ehemaligen Gemeindepräsidenten Kurt Fischer, die als Vorarbeiten für eine neue Ortsgeschichte geleistet worden waren.

Diese Materialien ergänzten wir mit eigenen Recherchen in privaten und staatlichen Archiven, um die geschichtlichen Zusammenhänge zu vertiefen. Wer gezielt Informationen sucht, kann dazu auf das Personenregister am Ende des Buches und auf das ausführliche Inhaltsverzeichnis zurückgreifen.

Den Bildern kommt im vorliegenden Buch grosse Bedeutung zu. Bei unseren Recherchen stiessen wir auf eine Fülle von historischen Fotografien, die hier grösstenteils erstmals publiziert werden. In jedem Kapitel findet sich zudem ein Personenporträt, das von Ursula Sprecher fotografisch umgesetzt wurde. Passend zu den Themenkreisen der acht Kapitel haben wir Personen ausgewählt, die dazu aufgrund ihrer Lebensgeschichte etwas Besonderes berichten konnten. Dabei geht es weniger um die Personen selbst als vielmehr um das Umfeld, von dem sie geprägt sind und das sie durch ihre Anwesenheit und ihre Arbeit mitgestalten. Die Fotografien von Ursula Sprecher nehmen diese Idee auf: Nicht die Personen stehen im Mittelpunkt, sondern die Bäume, das Licht, der Platz, die Felder, die Schatten.

In Bettingen, scheint es, ticken die Uhren etwas langsamer als in der Stadt – vielleicht auch etwas langsamer als in den benachbarten Dörfern. So schien es uns jedenfalls, wenn wir uns zu Gesprächen verabredeten, die sich oft über viele Stunden hinzogen. In der neuen Geschichte Bettingens kommen immer wieder Menschen zu Wort, die in den vergangenen fünfzig bis neunzig Jahren hier gelebt haben. Auf unserer Suche nach diesen Stimmen begegneten wir einem über Achtzigjährigen, der uns keine Auskunft geben wollte, denn: «Alte Bettinger gibt es nicht mehr, die sind alle gestorben.» – Viele der befragten Personen meinten, wir kämen mit unseren Fragen nach dem «alten Bettingen» zu spät.

Die neue Dorfgeschichte ist keine Heimatkunde. Den etwas aus der Mode gekommenen Begriff vermieden wir absichtlich. Dennoch kamen wir bei unserer Arbeit mehrfach mit «Heimat» in Berührung: mit dem, was den Menschen, die hier seit kürzerer oder längerer Zeit leben, Heimat bedeutet. Heimat, so zeigte sich dabei, ist nichts Statisches, sondern etwas, was immer wieder verloren geht und neu gefunden werden muss. Um Heimat muss gerungen werden, wo Heimat ist, gibt es auch Konflikte auszutragen und Streit zu schlichten. Bettingen kann nicht mehr in dieser Form Heimat sein, wie es dies für die «alten Bettingerinnen und Bettinger» war. Es hat sich zu einer neuen Art von Heimat entwickelt, einer mit neuen Qualitäten. Einen Teil des Weges vom einstigen Bettingen zum Bettingen von heute haben wir mit dieser Ortsgeschichte festgehalten.

Unser grosser Dank geht an
- alle Personen in und aus Bettingen, die uns ihre Erinnerungen und
  Erlebnisse mit grosser Offenheit anvertraut haben.
- den Lenkungsausschuss mit Willi Bertschmann, Katharina Näf
  und Anna Tanner, die uns grosse Freiheit beim Entwickeln und Schreiben
  der Ortsgeschichte gelassen und uns fachkundig begleitet haben.
- Johannes und Irma Wenk-Madoery, Riehen,
- das Staatsarchiv Basel-Stadt,
- die Dokumentationsstelle Riehen,
- das Schweizerische Bundesarchiv, Bern,
- das Statistisches Amt Basel-Stadt
  für fachkundige Hinweise und wertvolle Hilfe bei der Quellensuche.

Sibylle Meyrat und Arlette Schnyder, im Dezember 2010

Bannumgang Bettingen, 8. Mai 1975

LAGE UND LANDSCHAFT

Rund die Hälfte von Bettingens Gemeindebann besteht aus Wald, die andere Hälfte zu einem grossen Teil aus Acker- und Wiesland. Nur sechzehn Prozent der Gesamtfläche liegen in der Bauzone. Gut erschlossene Wälder und offenes Kulturland machen das ehemalige Bauerndorf im Stadtkanton zum begehrten Ausflugsziel von Menschen aus den umliegenden Ballungszentren, die hier Erholung, Naturerlebnis und den Blick in die Ferne suchen. Da bis zum Ende des 19. Jahrhunderts nur wenige schriftliche Quellen vorliegen, ist die Geschichte des Dorfes über weite Strecken die Geschichte der Landschaft, in der es liegt.

URSPRÜNGLICHE LANDSCHAFT

Bevor Menschen das heutige Gemeindegebiet besiedelten, war es fast vollständig mit Wald bedeckt. Im Laufe vieler Jahrhunderte wurde der Wald durch Rodung zurückgedrängt. So entstand eine strukturreiche Landschaft mit Äckern, Weiden, Hecken und Rebbergen, die zum Lebensraum für zahlreiche Tier- und Pflanzenarten wurde. Voraussetzung für diese von vielen Generationen geschaffene und gepflegte Kulturlandschaft sind geologische und klimatische Prozesse, die während Jahrmillionen die Umgebung formten, in der sich heute die Gemeinde Bettingen befindet.

MUSCHELKALK UND BUNTSANDSTEIN

Die Hügel, zwischen denen der alte Dorfkern liegt, sind Ausläufer des westlichen Dinkelbergs. Dieser gehört tektonisch nicht zum Schwarzwald, sondern zum rechtsrheinischen Tafeljura. Er besteht aus flach liegenden Kalk- und Mergelschichten und bildet ein Hochplateau von rund fünfhundert Metern Höhe. Das geologisch älteste Sediment im Untergrund, der Buntsandstein, geht auf die Trias zurück. Darüber liegen mehrere Schichten von Kalk, Mergel und Dolomit. Die Triasschichten, die sich an den Rändern eines Meeres aus der Keuperzeit abgelagert haben, sind relativ weich und verwittern leicht. Damit bilden sie die Grundlage für den später einsetzenden Ackerbau in den fruchtbaren Talmulden. Solche Sedimente finden sich in den Fluren «Im Tal», «In den Weingärten» sowie im Junkholz und im Chrischonatal. Überragt werden sie von den härteren Gesteinsbänken aus Muschelkalk. Diese bilden eine Reihe von bewaldeten Hügeln: Linsberg, Kaiser, Lauber, Ausser- und Mittelberg. Am Hornfelsen, am Ausserberg und am Wenkenköpfli brechen die im Osten waagrecht liegenden Kalkschichten gegen Westen ab und sinken unter die Oberrheinische Tiefebene. Besonders deutlich zeigt sich diese Linie beim Rötteler Schloss.

Muschelkalk und Buntsandstein gehörten in früheren Jahrhunderten zu den wichtigsten Baumaterialien der Region. In Bettingen wurde an verschiedenen Orten Muschelkalk abgebaut, etwas in der Dannachergrube am Südhang des Kaisers oder in der Seckingergrube am Totenweg.

Als typisches Karstgebiet weist der Dinkelberg nur wenige Gewässer auf. Am Wyhlengraben im Grenzgebiet zu Deutschland finden sich mehrere Quellbächlein mit tief eingekerbten und völlig natürlichen Bachläufen. Das längste Fliessgewässer, der Bettingerbach, speist sich aus mehreren Quellen. Als sein eigentlicher Ursprung gilt die Flur «Im Wirbel».[1] Er ist eines der letzten unverbauten Gewässer im Kanton Basel-Stadt, verläuft aber nur hundert Meter offen auf Bettinger Boden. Im Siedlungsgebiet wurde der Bach aus Platzgründen eingedolt. Ein weiteres Bächlein findet sich am Waldrand im Chrischonatal. Die Quelle ist vermutlich der Abfluss des dortigen Drainagesystems.[2] Bevor das Hochplateau des Dinkelbergs durch menschliche Eingriffe entwässert wurde, war dieses Gebiet relativ sumpfig – und ist es teilweise bis heute. Das Wasser sammelt sich in den trichterförmigen Vertiefungen im Muschelkalkgebiet. Die Flurnamen «In den Saugümpen», «Im nassen Grund» und «Im Mittelried» weisen auf die einstige Bodenbeschaffenheit hin. Vom karstigen Untergrund zeugen auch mehrere Gräben und Vertiefungen im Wald. Am Wyhlengraben befindet sich die grösste Doline auf Kantonsgebiet, die einen Durchmesser von zehn Metern und eine Tiefe von fünf Metern aufweist.

Doline im Wyhlengraben

TIEFERE TEMPERATUREN – VERSPÄTETE KIRSCHBLÜTE

Durch die erhöhte Lage am Abhang des Dinkelbergs ist das Klima in Bettingen spürbar rauer und niederschlagsreicher als dasjenige von Riehen oder Basel. Die Temperaturen liegen im Jahresdurchschnitt 1,8 bis 2 Grad Celsius tiefer als in der Stadt. Sträucher und Bäume blühen deshalb rund eine Woche später als in der Ebene. Die Temperaturunterschiede zu Basel sind an den Abenden warmer Sommertage und in den frühen Nachtstunden am grössten und betragen dann bis zu 6 Grad. Die Hanglage Bettingens führt zu fünfzehn bis zwanzig Prozent mehr Niederschlag als in Riehen oder Basel. Dies ist einerseits dem Staueffekt des Dinkelbergs zuzuschreiben, der die aus Westen bis Südwesten kommenden Luftmassen zum Aufsteigen zwingt. Andererseits entladen sich die vom Schwarzwald heranziehenden Regen- und Gewitterwolken häufig über der Chrischona oder über Bettingens Dorfkern, während der Boden in Riehen trocken bleibt. Gemäss den privaten Messungen und Beobachtungen von Rudolf Geiser und Daniel Hernandez verläuft die Grenze zwischen nass und trocken oft zwischen dem Wenkenhof und dem «Bierkeller». An der gleichen Stelle verläuft im Winter häufig die Grenze zwischen weissen und grünen Wiesen.[3]

BETTINGEN IN ZAHLEN
Fläche:
222 ha, davon 84 ha Acker- und Wiesland, 102 ha Wald und 36 ha Bauzone
Grenzlängen:
Die Gemeindegrenze zu Riehen misst 3,984 km, die Landesgrenze zu
Inzlingen 1,437 km, die Landesgrenze zu Grenzach-Wyhlen 4,928 km
Die gesamte Grenzlänge beträgt 10,349 km
Höchster Punkt (des Kantons):
522 m, Terrasse vor der Chrischonakirche
Tiefster Punkt:
355 m, Bettingerbach an der Gemeindegrenze zu Riehen
Höhe des Dorfkerns:
376 m auf dem Lindenplatz
Bevölkerungszahlen:
193 Personen im Jahr 1774, 279 (1850), 490 (1900), 553 (1950), 1062 (1970),
1151 (2000) 1169 (2009)[4]

Durch die erhöhte Lage schneit es in Bettingen häufiger und ausgiebiger als in Basel und der Schnee bleibt länger liegen als in der Ebene. Die Fotografie stammt aus dem Jahr 1962.

SPUREN FRÜHESTER BESIEDELUNG

Das früheste Zeichen menschlicher Bewohner im Bettinger Gemeindebann ist ein rund hunderttausend Jahre alter Faustkeil, der 1999 bei einer routinemässigen Feldbegehung der archäologischen Bodenforschung Basel-Stadt gefunden wurde. Aufgrund der Datierung vermuten die Fachleute, dass der Hersteller des Faustkeils der Menschengruppe des späten Homo erectus oder des Neandertalers angehörte. Man nimmt an, dass sich diese frühen Menschen, nomadisierende Jäger und Sammler, während der letzten Eiszeit sporadisch auch am Rheinknie aufhielten und die für die Jagd und das Zerlegen des Wildes benötigten Werkzeuge zum Teil vor Ort herstellten.[5]

Neolithische Streu- und Einzelfunde sowie ein Steinkistengrab in Dorfnähe verweisen auf frühe Besiedelungen.[6] Für die Römerzeit sind nur sehr wenige Funde belegt, Bettingen lag weitab der Heeresstrassen. Der Chronist Ludwig Emil Iselin (1861–1925) erwähnt ein Rebmesser, das er als Hinweis auf den damals schon betriebenen Weinbau interpretiert. Es wird heute im Historischen Museum Basel aufbewahrt.

«Mit Charsch und Pflueg chunnt erscht d Kultur. / Wär schrybt die Gschicht? Das isch dr Puur.»[7] In seinem Gedicht «Im Chrischone-Tal» macht Bettingens Heimatdichter Sebastian Hämpfeli deutlich, dass die Landschaft mit ihrer charakteristischen Aufteilung von Äckern, Wiesen, Wald- und Wohnflächen als historisches Zeugnis gelesen werden kann. Ein Spaziergang durch das Chrischonatal lässt ihn in die Vergangenheit schweifen. Der Blick auf Äcker und Wiesen, fast vollständig von Wald umgeben und nur durch eine schmale Schneise mit Inzlingen verbunden, erzählt ihm vom zähen Kampf mit Dornen und Steinen, von schweisstreibender Arbeit. Und vom «Britziger Puur», der hier vor langer Zeit einen Hof bewirtschaftet haben soll.

GRENZVERLÄUFE UND HOFRECHTE

Die Existenz eines Hofes im Chrischonatal, das bis Ende des 18. Jahrhunderts auch Britzigertal genannt wurde, ist zwar nicht mit Sicherheit belegt, aber aufgrund des ausserordentlichen Grenzverlaufs an dieser Stelle sehr wahrscheinlich. Seiner natürlichen Lage entsprechend gehört das Chrischonatal eher zu Inzlingen als zu Bettingen. Für das Jahr 1541 ist ein separater Britzingerbann belegt, was auf die Existenz eines Hofes schliessen lässt.[8] Bei Streitigkeiten über die Ausdehnung des pfarramtlichen Zehntenrechts in Grenzach tauchte im Jahr 1787 die Frage auf, zu welchem Bann das Britzigertal gehöre. Der Weibel notierte, es sei «ringsum besonders ausgesteint» und gehöre zum Chrischonagut, werde aber zum Bettingerbann gerechnet.[9] Wahrscheinlich befand sich hier ein Gut mit eigenem Hofrecht, das später als Schenkung an die Chrischonakirche überging und damit Teil des Bettinger Gemeindebanns wurde. Ähnlich erklärt sich Ludwig Emil Iselin den Verlauf der Gemeindegrenze am Abhang des Wenkenbergs. Sie durchschnitt ganze Parzellen und lief noch bis weit ins 20. Jahrhundert in schräger Richtung durch den ehemaligen Rebberg und quer durchs Wohnzimmer des früheren Gemeindeschreibers Walter Nebiker. 1976 wurde sie im Zug von Baulandumlegungen entlang neuer Parzellengrenzen verlegt.

Eine frühere Grenzkorrektur fand 1956 im Gebiet Bettingerstrasse/Habermarkweg/Talmattstrasse statt. An weiteren drei Stellen wurde die Gemeindegrenze zwischen Bettingen und Riehen 1981 im Zusammenhang mit der Waldregulierung beider Gemeinden angepasst: im Britzigerberg am Kaiserweg, im Linsberg am Waldrand gegen Zwischenbergen und am Ausserbergweg.[10] Relativ einfach verhält es sich mit der Landesgrenze gegen Grenzach-Wyhlen: Diese verläuft zum grössten Teil entlang der natürlichen Wasserscheide.

DAS GRÜN HAT SEINEN PREIS

Eine Ausnahme, die Ende der 1970er-Jahre für Schlagzeilen sorgte, ist der sogenannte «Schlittelhang». Dieser auch als «Mittlere Rüte» bezeichnete nordwestliche Teil des «Neufelds» schliesst unmittelbar an die Freifläche «Im Lenzen/Biräcker» auf Bettinger Gebiet an, befindet sich aber im Bann von Grenzach-Wyhlen. In einem vom Regierungspräsidium Südbaden genehmigten Flächennutzungsplan vom 3. Juni 1959 wurde das Neufeld als Reservebaufläche ausgeschieden. Zehn Jahre später begann Grenzach-Wyhlen wegen Mangel an Bauland mit der Erschliessung des nordwestlichen Teils des Neufelds. Der gesetzliche Abstand der Bauzone zur Landesgrenze

Die 1976 von Grenzach-Wyhlen geplante Erweiterung der Bauzone sorgte auf Schweizer Seite für Empörung. Nur der Kauf der Parzellen am Schlittelhang konnte eine Überbauung verhindern.

wurde dabei auf zwölf Meter reduziert. Als Grenzach-Wyhlen im Mai 1976 die Bauzone erneut erweitern wollte und der Gemeinderat zur Abklärung des Begehrens Profilstangen aufstellen liess, entfesselte dies auf Schweizer Seite einen Sturm der Entrüstung. Hätte doch die Überbauung des Schlittelhangs einen massiven Eingriff in ein grosses und stark frequentiertes Erholungsgebiet bedeutet. Mit seinem Anliegen, jede Erweiterung der Bauzone gegen die Landesgrenze hin zu verhindern, wandte sich der Gemeinderat Bettingen an den basel-städtischen Regierungsrat. Dieser intervenierte bei den zuständigen Stellen in Südbaden. Als Ergebnis der Gespräche schlug der Bürgermeister von Grenzach-Wyhlen der schweizerischen Nachbargemeinde den Erwerb der umstrittenen Landparzellen vor. Den grössten Teil der Kosten trug der Kanton Basel-Stadt, ferner beteiligten sich die Gemeinden Bettingen und Grenzach-Wyhlen sowie die in Grenzach-Wyhlen tätigen Basler Chemiefirmen Ciba-Geigy und Hoffmann-La Roche mit namhaften Beträgen.

VON DER GRÜNEN URGEWALT ZUM SCHÜTZENSWERTEN NATURRELIKT

Zu Beginn des 21. Jahrhunderts gilt der Wald als schützenswert und schutzbedürftig: Als einer der letzten naturnahen Räume ist er in den dicht besiedelten und intensiv genutzten Landschaften übrig geblieben. Noch vor hundert Jahren war es undenkbar, dass sich der Mensch als Bedrohung für den Wald empfunden hätte. Er nutzte ihn als Brennstofflieferanten und rodete ihn, wo er ihm im Weg war. Die Übergänge zwischen Wald und Kulturland waren weniger deutlich als heute. Einerseits drängte der Wald mit seinen Jungbäumen immer wieder ins Kulturland vor, andererseits liessen die Bauern ihr Vieh meist im Wald weiden, wodurch Frassschäden an jungen Bäumen entstanden. Noch im Jahr 1815 beklagte sich der Hofbesitzer Christoph Kyburz, dass mehrere seiner Waldungen durch den öffentlichen Weidgang geschädigt wurden. Er bat den Rat in Basel, dieses veraltete Recht aufzuheben. Der Rat hiess diese Bitte gut, trotz des Protests der Bettinger Viehbesitzer, die fürchteten, in diesem Fall zu wenig Futter für ihre Tiere zu haben. Auf die Viehzucht scheint sich die Einschränkung nicht negativ ausgewirkt zu haben.[11]

Nach Jahrhunderten starker Nutzung gelten Bettingens Wälder seit dem kantonalen Forstgesetz von 1966 als Schutzwälder und dürfen nicht verkleinert werden. Im Interesse einer waldgerechten Bewirtschaftung wurden in den 1970er-Jahren unzählige kleine Waldparzellen in Riehen und Bettingen zusammengelegt. Deren Zahl konnte so auf rund einen Zehntel verkleinert werden. Ein Drittel der Wege, die zuvor zur Erschliessung nötig waren, wurde aufgehoben.[12] Seit 2003 ist im Kantonsgebiet ein Waldentwicklungsplan in Kraft mit dem Ziel, die Bedürfnisse verschiedenster Nutzergruppen zu koordinieren.[13]

Hinweise auf den Wald, der einst den ganzen Gemeindebann bedeckte, finden sich in zahlreichen Flurnamen. Aus den Verzeichnissen der abgabepflichtigen Liegenschaften des 16. Jahrhunderts wird die Ausdehnung des damaligen Waldareals ebenso deutlich wie der Wandel von Wald- zu Kulturland. Der andernorts geläufige Ausdruck «Hard» wird in diesen Quellen kaum verwendet, auch der Begriff «Wald» taucht selten auf. Fast durchgängig ist von «Holz» die Rede. Der Wald im Besitz der Bürgergemeinde wird meist Allmend genannt.[14] Noch im Jahr 1594 wird der ganze obere Teil der Flur «Im Tal» mit «Holz» oder «zuvor Holz» umschrieben. Weitere Flurnamen weisen in die gleiche Richtung: Lauber – ein Ort, wo viel Laub gesammelt werden kann, Reuberg – rauer, aufgebrochener Berg. Für die «Alte Kühstelli» ist im Jahr 1511 noch der Name «Pfaffenholtz» überliefert. Auch die Bezeichnung «Buchholz» verweist auf ehemaligen Waldbestand. Hier handelt es sich mit grosser Wahrscheinlichkeit um eine sehr frühe Rodung. Der flache und leicht zugängliche Hügelrücken bot sich geradezu an für den Ackerbau. Auf Rodungen verweisen auch die ausgestorbenen Flurbezeichnungen «Hinter den Rüttenen», «Lochrüti», «Kohlrüti» und «In der alten Ruti».[15]

EICHEN UND BUCHEN

Soweit die Quellen Aufschluss geben, gab es nie Nadelwald in Bettingen. Abgesehen von einzelnen Kiefern an den steilen Südhängen gegen den Rhein wuchs hier in früheren Jahrhunderten nur Laubwald. Daniel Bruckner erwähnt 1753 in seiner «Beschreibung historischer und natürlicher Merkwürdigkeiten der Landschaft Basel» einen Eichenwald im «Leissberg» und «In den Rütenen» auf Chrischona sowie einige grosse Eichen hinter der Chrischona. Ausserdem vermerkt er Mischwälder aus Eichen und Buchen im «Kaiser», an der Seitengasse, beim Risletenwegli, am «Wyhlen-Graben», in der «Stelli» und «Im Lauber». Nur in der «Risi» verzeichnet er einen reinen Buchenwald.

Die Eiche hatte bis ins 20. Jahrhundert eine grosse wirtschaftliche Bedeutung und wurde deshalb entsprechend kultiviert. Ihr Holz war ein wichtiges Baumaterial, etwa für Riegelbauten. Auch für Eisenbahnschwellen wurde meist Eiche verwendet. Die Früchte des Baums waren ausserdem wichtig für die Waldweide und die Schweinemast. Wenn Eichen nicht regelmässig nachgezogen werden, verschwinden sie aus den Wäldern. Buchen, Eschen und Ahorne, die mit weniger Licht und Wärme auskommen, treten an ihre Stelle. Seit dem Zweiten Weltkrieg wurden kaum mehr Eichen gepflanzt. Eine Ausnahme bildet die Pflanzung von 1200 Eichen im Hirzengraben nach dem Bau des Chrischonaturms. Seit den 1990er-Jahren ziehen private Waldeigentümer und die Forstdienste vermehrt Eichen nach, um die Artenvielfalt zu erhalten.

Zu Beginn des 20. Jahrhunderts lagen das «Brohus» und der Gottesacker ausserhalb des Dorfes, umgeben von Äckern und Weinbergen.

LICHT UND SCHATTEN

Die Landwirtschaft, bis ins 19. Jahrhundert fast die einzige Existenzgrundlage des meist kargen Lebens in Bettingen, wurde nach der Dreizelgenwirtschaft betrieben. Dieses vom Hochmittelalter bis ins 19. Jahrhundert in weiten Teilen Mittel-, Nord- und Osteuropas verbreitete System der Bodennutzung beruhte auf kollektiven Absprachen. Die Parzellen zahlreicher Besitzer wurden zu drei Zelgen zusammengeschlossen und jeweils mit der gleichen Frucht bebaut. Im dreijährigen Turnus wurde auf der Winterzelge im Herbst ein Wintergetreide, auf der Sommerzelge im Frühjahr ein Sommergetreide gepflanzt, während die Brache ein Jahr unbebaut blieb oder als Viehweide genutzt wurde. Als Wintergetreide waren in Bettingen vor allem Gerste und Roggen verbreitet, als Sommergetreide Hafer oder Gerste. Weizen und Dinkel kamen erst später hinzu. Auf den Anbau von Rüben an der Stelle des heutigen Schwimmbads verweist der ausgestorbene Flurname «Im Rüebland». Die Milchwirtschaft hatte im Vergleich zum Ackerbau bis ins 20. Jahrhundert nur geringe Bedeutung.[16]

Die Zelgen unterlagen dem sogenannten Flurzwang. Die Flur durfte nicht besiedelt und musste von allen Besitzern nach dem gleichen System bewirtschaftet werden. Als Zelgen wurden die Fluren «Im Feld» gegen den Wenkenhof, «Im Thal» und «Auf dem oberen Feld» genutzt. Die Zelgen waren durch Zäune oder Grünhecken voneinander getrennt. Ludwig Emil Iselin traf zu Beginn des 20. Jahrhunderts noch auf Zeitzeugen, die sich an solche das gesamte Landschaftsbild prägende «Häge» erinnerten. Die Bezeichnung «Herrenhagweg» geht darauf zurück.[17] Das Dorf war von der Flur durch einen Zaun getrennt, der Etter oder Escher genannt wurde.

Führt man sich die Lage der drei Zelgen vor Augen, wird der Standort der ältesten Häuser Bettingens verständlich – sie liegen aus heutiger Sicht eher ungünstig an einem schattigen und eher feuchten Hang. Die Sonnenseite der Allmend war den Äckern vorbehalten. Die Situation inspirierte Sebastian Hämpfeli zu einem Gedicht. Den Häusern der Lebenden am schattigen Hang stellt er mit Augenzwinkern die Ruhestätten der Toten gegenüber. Sie liegen auf dem Silberberg, an sonniger Lage.

E sunnigs Plätzli
Mys Dörfli isch an Schatte baut.
D Lüt hai s nit besser chönne
Sie hai sich d Sunn wo s Härz ufftaut,
is Huus nit dörfe gönne.
Waisch s Land, wo immer Sunne het
Das bruuche mir zum Pflanze
Und d Sunne bruucht au nit im Bett aim uf der Nase z tanze.
Doch bisch am Änd mit dyner Rais
Isch s Läbe fertig gstritte
do trage si dii für d Ewigkeit
vor s Dorf a d Sunnesyte.[18]

LANDSCHAFTSWANDEL

Im Jahr 1917 wurden in Bettingen sechsundfünfzig landwirtschaftliche Betriebe gezählt. Heute gibt es noch deren zwei. Die Einwohnerzahl hat sich von 1950 bis 2000 mehr als verdoppelt. Der Nutzungsdruck innerhalb des Siedlungsgebiets wuchs mit steigenden Bodenpreisen ebenso wie der Produktionsdruck in der Landwirtschaft. Wie einschneidend sich diese Entwicklungen auf die Landschaft auswirkten, zeigt ein Blick auf den Ortsplan von 1963. Auf fast sämtlichen landwirtschaftlich genutzten Parzellen sind ausgedehnte Obstgärten eingezeichnet. Sie waren mit den für die Region typischen Hochstamm-Obstbäumen bepflanzt. In Bettingen handelte es sich dabei meist um Kirschbäume. Heute sind diese Hochstammkulturen bis auf Reste «Im Tal», «Zwischen Bergen» und auf dem «Buchholz» weitgehend verschwunden. Diese Entwicklung konnte auch durch Subventionszahlungen kaum gebremst werden.

Ebenfalls verschwunden sind die Rebberge «In den Weingärten», die auf dem Ortsplan von 1963 noch gut sichtbar sind. Für den Anbau von Reben in früheren Jahrhunderten finden sich mehrere Hinweise. So deutet Ludwig Emil Iselin die Parzellierung in sehr kleine Flächen «In den Wintergärten» als Hinweis auf den Rebbau. Dieser ist ferner belegt für die Fluren «Im Winkel», «Buchholz» und das Chrischonatal. Ein Grossteil der Weinberge lag «Im Lenzen» und «An der Halden».[19]

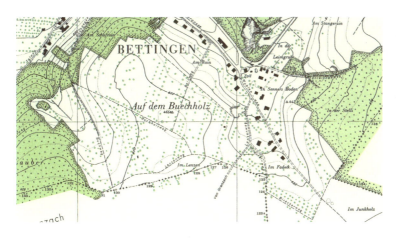

Auf dem Ortsplan von 1963 wird ersichtlich, dass fast alle landwirtschaftlich genutzten Parzellen mit Obstbäumen bepflanzt waren.

Wer öfters durch den Bettinger Wald spaziert, wird früher oder später auf einen hellblau-silbernen Toyota-Bus aufmerksam. Am Steuer sitzt Walter Spaar-Wallin. Wettergegerbtes Gesicht, leicht ergrautes Haar, Stumpen im Mundwinkel. Wenn ihm Fussgänger entgegenkommen, hebt er diskret die Hand zum Gruss, wechselt hie und da ein paar Worte mit ihnen. Fast jeden kennt er hier und fast jeder kennt ihn und sein Auto. Als Jagdaufseher dreht er regelmässig seine Runde. Schaut zum Rechten, beobachtet da und dort ein Reh, einen Fuchs. Liest Spuren im Schnee und in der feuchten Erde. Zieht seine Schlüsse und weist die Besucherin auf Besonderheiten hin: «Sehen Sie hier, auch dieses Waldstück konnten wir von einem privaten Besitzer kaufen. So wird hier auch in Zukunft nichts anderes sein als Wald.»

Wir, das ist die Bürgergemeinde Bettingen. 1966 wurde Walter Spaar in den Bürgerrat gewählt, mit 29 Jahren war er deutlich jünger als die anderen Bürgerräte, die alle mehr als fünfzig Lenze zählten. «Die Frauen konnten damals noch nicht wählen, sonst hätte ich noch mehr Stimmen bekommen.» Dies zu glauben fällt nicht schwer, spätestens, wenn er von seinen damaligen Erfolgen als Oberturner des Bettinger Turnvereins erzählt.

Von wenigen Abstechern abgesehen, verbrachte Walter Spaar sein ganzes Leben in Bettingen. Nach dem Abschluss an der landwirtschaftlichen Schule in Liestal und einem kurzen Zwischenspiel in den Wässermatten

WALTER SPAAR-WALLIN

des Wasserwerks in den Langen Erlen trat er in den Aussendienst der Gemeinde ein. Drei Jahre später wurde er dessen Leiter und blieb es bis zu seiner Pensionierung im Jahr 1997.

Den Wald, in dem er sich als Jagdaufseher fast täglich aufhält, kannte er bereits als Bub. Als eines von sechs Kindern einer Bauernfamilie, zwei Jahre vor Ausbruch des Zweiten Weltkriegs geboren, bedeutete der Wald für ihn weder Freizeit noch Erholung, sondern vor allem Arbeit. Das Holz war damals so knapp wie das Geld. Fast alle Einwohner Bettingens heizten und kochten noch mit Holz. Sie sammelten es selbst im Wald oder bestellten es bei der Bürgergemeinde. Mit Hilfe von Pferden wurden die Stämme bis zum nächsten fahrbaren Weg geschleift und von dort aus mit dem Pritschenwagen an die Bestelladresse geliefert. Für Walter Spaars Familie war das Holzführen in den Kriegsjahren ein wichtiger Zusatzverdienst. «Ohni das hätte mr glaini Hüffli gschisse», pflegte Vater Spaar zu sagen. Schon als Bub half Walter Spaar beim Transport mit. Als Fünfzehnjähriger führte er die Pferde selbstständig, zusammen mit seinem Bruder. Am liebsten transportierten die jungen Männer «Riishüffe». Darin verkrochen sich oft Marder. «Jedesmal waren wir gespannt, ob einer drin hockt.» Als Kind beobachtete Walter Spaar noch, wie Bäume von Hand gefällt wurden. Mit einer Axt haute man eine tiefe Fallkerbe in den Stamm. War der Baum zu Boden gestürzt, wurde er von Hand in Stücke gesägt. Mindestens zwei Männer brauchte es, um einen Baum zu fällen. Nach dem Krieg tauchten in Bettingen die ersten Motorsägen auf. Seit den 1950er-Jahren besorgen meist auswärtige Teams mit grossen Maschinen den Holzschlag. ·

Der tief greifende Landschaftswandel im 20. Jahrhundert hatte zur Folge, dass auch in Bettingen die Lebensräume vieler Tier- und Pflanzenarten verloren gingen. Trotzdem gehört der Gemeindebann mit seinen ausgedehnten Grün- und Waldflächen zu den ökologisch bedeutendsten Lebensräumen im Kantonsgebiet.

Seltene Tier- und Pflanzenarten (von links): Türkenbundlilie, Bockkäfer, Schachbrettfalter, Grasfrosch, Tagpfauenauge, Zauneidechse, Kaisermantel, Magerwiese am Whylenweg

SCHWALBENSCHWANZ UND WILDE ORCHIDEEN

Eine ausserordentliche Artenvielfalt weisen die Magerwiesen beim Schiessstand, «An der Riese», «Im Fadeck» und im Chrischonatal auf. Sie beherbergen bis zu fünfundsiebzig verschiedene Pflanzenarten, darunter wild wachsende Orchideen und Herbstzeitlosen, sowie vom Aussterben bedrohte Reptilien und Insekten wie Zauneidechse, Feuersalamander, Gottesanbeterin und Schwalbenschwanz.[20] Auch die Waldgebiete «Im Kaiser» und auf der Chrischona sind sehr artenreich.

Seit den 1980er-Jahren ist der Natur- und Landschaftsschutz ein politisches Thema. 1990 wurde im Auftrag des Gemeinderats ein entsprechendes Konzept erstellt.[21] Darin wird als Hauptziel die Erhaltung der bestehenden Tier- und Pflanzenarten genannt. Dieses Ziel und darüber hinaus die Wiederansiedlung einst heimischer Arten wird angestrebt durch die Förderung einer umweltschonenden, nachhaltigen Landwirtschaft, die Erhaltung und Aufwertung von Gehölzen, Hecken und Hochstamm-Obstgärten sowie den Schutz und die Renaturierung von Gewässern. Bestehende Biotope sollen durch neu gepflanzte Hecken, Solitärbäume und Kleingehölze besser verbunden werden.

Zu den Naturschutzmassnahmen gehört auch die Ausrichtung von Ökobeiträgen an Extensiv-wiesen und die naturnahe Bestellung von Waldrändern. Im Siedlungsraum wurden in den 1990er-Jahren erste Schritte zur naturnahen Gestaltung unternommen. Die Flächen am Bündtenweg, beim Schwimmbad, beim Gottesacker und entlang der Hauptstrasse wurden auf naturnahe Weise gepflegt und neue Wildkrautflächen angelegt. Deren Anblick stiess nicht bei allen Einwohnern auf Begeisterung. So wirkte die neu geschaffene Rabatte entlang der Hauptstrasse auf einige zu wild und wurde durch eine konventionelle Grünfläche ersetzt.

Die im aktualisierten Naturkonzept von 2001 empfohlene Ausscheidung einer mindestens zehn Meter breiten Bachparzelle für den Bettingerbach und seine Aufwertung mit geeigneter Ufer-vegetation steht noch aus. Die Ausdolung und Renaturierung des Bächleins im Chrischonatal ist ein weiteres Ziel.

WILDBESTAND

Neben Reptilien, Insekten und Kleinsäugern leben im Bettinger Wald Rehe, Füchse, Dachse, Hasen und Wildschweine. Auf das früher häufige Vorkommen von Wölfen verweist der ausgestor-bene Flurnamen «Zum Wolfsgalgen» an der Grenze zu Wyhlen, der 1539 belegt ist und vermutlich eine Wolfsfalle bezeichnet.[22] Dass Wölfe im 21. Jahrhundert wieder durch die Wälder des Dinkel-bergs streifen werden, ist nicht auszuschliessen. Fachleute gingen bisher davon aus, dass der Wolf, sollte er in die Nordwestschweiz zurückkehren, über den Jura und das Baselbiet einwandern würde. Aber auch eine Einwanderung von Norden her ist denkbar. In diesem Fall würde das Raubtier via Schwarzwald über die Chrischona einwandern. Während für die Behörden in der Nordwest-schweiz frei lebende Wölfe bisher kein Thema sind, wird in Freiburg im Breisgau bereits an einem Leitfaden gearbeitet, der auf die Rückkehr der Wölfe nach Baden-Württemberg vorbereitet.[23]

Während die Wildbestände im 20. Jahrhundert insgesamt eher zurückgingen – der Hirsch dürfte schon im 19. Jahrhundert aus den Bettinger Wäldern verschwunden sein – haben sich die Bestände einzelner Arten inzwischen wieder erhöht. So wuchs die Wildschweinpopulation in den Wäldern Riehens und Bettingens seit den 1990er-Jahren rasch an. Die wildfreundliche Pflege von Gehölzen und Waldrändern wirkte dabei ebenso förderlich wie die Maiskulturen in der Region und die grossflächigen Sturmschäden von 1990, die zu idealen Unterkünften für das Schwarzwild wurden.

1947 schoss der damalige Riehener Jagdaufseher Karl Meyer die erste Wildsau «seit Menschen-gedenken».[24] 1978 wurde das nächste Wildschwein in Riehen erlegt, dann wurden 1990 wieder Spuren im Mittelberg festgestellt. 1993 wurden im Mittelberg- und Ausserbergwald drei Tiere er-legt, 1994 waren es bereits neun. Auch ausserhalb des Waldes machen sich die Tiere nun vermehrt bemerkbar, indem sie zum Leidwesen der Bauern Maisfelder verwüsten und auf der Suche nach Futter Rasenflächen umpflügen. Die Schäden an landwirtschaftlichen Kulturen konzentrieren sich auf waldnahe Felder und Lichtungen. Besonders betroffen sind das Chrischonatal sowie die Wiesen und Äcker oberhalb von Bettingen. Die Schäden werden den Landwirten zwar finanziell abgegolten, können damit aber nur teilweise kompensiert werden.[25] Nachdem die Schadenersatz-forderungen in den Jahren 2002/03 einen vorläufigen Höhepunkt erreicht hatten, wurde der Jagd-druck auf das Schwarzwild massiv erhöht. Im Jahr 2007 wurden in den Wäldern von Riehen und Bettingen insgesamt fünfzehn Sauen erlegt.

In den 1950er-Jahren gehörte zum Restaurant Brohus ein kleiner Zoo.

EXOTIK IM BROHUS

1950 übernahmen Paul und Uschi Seiler das Restaurant Brohus und richteten dort einen kleinen Zoo ein. Paul Seiler und sein Bruder Kurt führten damals in Basel bereits das Café Tropic und das «Atlantis», wo sie exotische Tiere vorführten, die sie von ihren Afrikareisen mitgebracht hatten. Mit dem neuen Pächterpaar erweiterte sich die Bettinger Fauna beträchtlich: Papageien, ein Kakadu, mehrere Affen, Echsen und kleine Krokodile in Schaukästen konnten nun im Restaurant bewundert werden. Im Garten wurden Hirsche, Rehe, Füchse, eine Wildsau und ein Leopard in Gehegen gehalten. Eine Schimpansin namens Jeannette sass öfters mit den Gästen an der Bar. Im «Brohus» verkehrten zu dieser Zeit vor allem Theaterleute und Gäste aus Basel, aber auch für die Bettinger Jugend waren die Tiere eine Attraktion.[26] Bis heute werden darüber gerne Geschichten erzählt: Etwa die vom jungen Mann, der mit seinen Kollegen wettete, er werde einen Sumpfbiber an die Bar bringen. Kurze Zeit später waren Schreie aus dem Garten zu hören: Der Biber hatte sich in seiner Hand festgebissen. Die Wette war verloren, die Wunde musste beim Arzt in Riehen genäht werden. Oder die Geschichte des Bettinger Jägers, der nach langer Zeit endlich wieder eine Wildsau vor die Flinte bekommen hatte und stolz mit seiner Beute prahlte, bis sich herausstellte, dass er das zahme, aus dem «Brohus» entwichene Tier erlegt hatte.[27]

NAMEN UND WAPPEN

Im Gegensatz zur Deutung vieler Gemeindenamen ist sich die Forschung beim Ortsnamen «Bettingen» einig. «Bettingen» ist eine Bildung aus dem althochdeutschen Personennamen Betto oder Petto, der in zahlreichen Varianten belegt ist. Der Personenname und die Endung «-ingen» verweisen auf einen alemannischen Ort, an dem sich Betto und seine Gefolgsleute oder seine Sippe niederliessen.[28]

Der Name geht vermutlich auf die Zeit zurück, als die Alemannen die Wälder rechts des Rheins zu besiedeln begannen, also um 500 nach Christus. Zum ersten Mal schriftlich erwähnt wird Bettingen in der lateinisch verfassten Schenkung eines gewissen Helinger. Die «Donatio Helingeri» vermacht dem im Elsass und in der Gegend um Basel begüterten Kloster Lorsch im «neunten Jahr des Königs Karl», also 776/77, in Bettingen «eine Hufe und zwei Knechte mit Kindern». Unter Hufe wird im Allgemeinen eine herrschaftlich eingebundene bäuerliche Hofstelle verstanden.[29]

Wann die ständige Besiedlung des Ortes ihren Anfang nahm, lässt sich nicht mit Sicherheit sagen. Hilfreich bei der Datierung ist der Ortsname: Die heutige Schreibweise taucht erstaunlicherweise bereits in der lateinischen Schenkung von Helinger als «Betingen» auf. In den historischen Belegen zeigt sich eine Tendenz, die ursprüngliche Endung «-ingen» durch ein «-ikon» oder «-iken» zu ersetzen, was «bei den Höfen der Leute des Betto» bedeutet.[30] In die Zeit der alemannischen Landnahme fällt auch die Gründung der Siedlung Wachinghof (Wenkenhof), die im Jahr 751 an das Kloster St. Gallen vermacht wurde.

Während die Herkunft des Ortsnamens über relativ lange Zeit zurückverfolgt werden kann, verhält es sich mit dem Wappen anders. Genaue Angaben zu seiner Entstehung fehlen. Wappen vieler Schweizer Gemeinden wurden erst für die Landesausstellung 1939 entworfen. Das Bettinger Wappen ist hingegen bereits in einem heraldischen Atlas von 1920 aufgeführt.[31] Das Motiv des Bechers wurde aus dem Familienwappen der ehemaligen Besitzer übernommen, der Truchsessen von Wolhusen, die das Dorf Bettingen im Februar 1513 für 800 Gulden an Basel verkauften. In Abwandlung dieses Wappens, das einen silbernen Becher auf rotem Grund zeigt, ist der Becher im Bettinger Wappen rot auf weissem Grund. Auf Antrag der Bettinger Gemeindeversammlung vom 25. Mai 1950 hiess der Regierungsrat das Bettinger Wappen als Hoheitszeichen der Gemeinde gut. Seit 1951 erscheint es auf Briefköpfen und als Stempel für Dokumente der Kanzlei. Im selben Jahr erhielt die Gemeinde einen goldenen, in einem Basler Goldschmiedatelier geschaffenen Pokal mit der Inschrift: «Der Regierungsrat Basel-Stadt der Gemeinde Bettingen zur Erinnerung an den Eintritt Basels in den Schweizerbund 1501/1951».

Der Becher auf dem Bettinger Wappen ist dem Wappen der ehemaligen Besitzerfamilie, der Truchsessen von Wolhusen, entnommen.
Bis 1950 stempelte Bettingen auch mit dem Baselstab.

DIE NEUERFINDUNG EINES ALTEN BRAUCHS

Den Bettinger Banntag gibt es in seiner heutigen Form erst seit Mitte des 20. Jahrhunderts. 1950 beschloss der Gemeinderat, den Brauch wieder einzuführen, nachdem er Ende des 18. Jahrhunderts zum Erliegen gekommen war. Möglicherweise machte die Erfahrung mit der bisher nie so drastisch empfundenen Landesgrenze in den beiden Weltkriegen eine solche symbolisch aufgeladene Grenzbegehung aktuell und attraktiv. In Riehen hatte man den Banntag bereits 1946 wieder eingeführt. Der erste Bettinger Bannumgang, der unter der Führung des Waldhüters am Auffahrtsmorgen 1951 stattfand, führte der Landesgrenze entlang über den «Lenzen» zum «Fadeck» und zu den «Biräckern» und vom «Junckholz» zum kleinen Tümpel «In der Stelli».[32] Erst seit 1961 findet der Bannumgang jedes Jahr statt, zuvor begnügte man sich mit einem Banntag alle zwei Jahre.[33]

Rituelle Grenzbegehungen lassen sich bis zu den Römern und Alemannen zurückverfolgen. Mit der Verbreitung des Christentums wurden heidnische Grenz- und Fruchtbarkeitsrituale im Frühling verboten, um im 14. und 15. Jahrhundert in kirchlichem Gewand wiederzukehren. Mit den Reliquien des Kirchenpatrons schritt man an Auffahrt die Grenzen des eigenen Bannes ab und bat um den Segen der Fruchtbarkeit. Mit der Reformation verschwand der Brauch in den reformierten Gemeinden der Landschaft Basel, während er im katholischen Birseck fast ohne Unterbruch durchgeführt wurde. Im zweiten Taufbuch von Riehen, das 1651 beginnt, ist festgehalten, welche kirchlichen Sitten und Gebräuche verbreitet waren. Darin ist von einem Bannritt an Auffahrt die Rede. 1798 erliess die Helvetische Regierung ein Verbot für Bannritte, die die Gemeinden Bettingen, Kleinhüningen und Riehen aufführten – ein Hinweis darauf, dass in Bettingen Ende des 18. Jahrhunderts noch Bannumritte stattfanden.

[1] Raith 1988.

[2] Amstutz 2001.

[3] Hernandez, Daniel: Das Bettinger Wetter, in: Bettinger Nachrichten, 10. 2006, S. 2.

[4] Sammlung Michael Raith: Ordner 1, Fischer, Kurt: Bettingen und seine Grenzen, unveröffentlichtes Typoskript, undatiert sowie Statistisches Amt Basel-Stadt.

[5] Basler Zeitung, 18.03.1999.

[6] Sammlung Michael Raith: Ordner 1, Archäologische Bodenforschung des Kantons Basel-Stadt an Michael Raith, 03.05.1996.

[7] Verkehrsverein Bettingen 1999, S.21.

[8] Iselin 1963, S.14.

[9] Ebd.

[10] Sammlung Michael Raith: Ordner 1, Fischer, Kurt: Bettingen und seine Grenzen, unveröffentlichtes Typoskript, undatiert.

[11] Iselin 1963, S. 22.

[12] StABS, Bericht der Grossratskommission zum Ratschlag 6842 betreffend Gewährung eines Staatsbeitrages für die Waldzusammenlegung Bettingen/Riehen, dem Grossen Rat des Kantons Basel-Stadt vorgelegt am 30.01.1974.

[13] URL: http://www.baselland.ch/fileadmin/baselland/files/docs/vsd/forstamt/doku/entwicklung/wep_basel.pdf, Zugriff: 17.10.2010.

[14] Burgermeister 1995, S. 20.

[15] Ebd., S. 6of. und 93f.

[16] Schnyder, Albert: Zelgensystem, in: Historisches Lexikon der Schweiz, Version vom 20. Dezember 2002, URL: http://hls-dhs-dss.ch/textes/d/D13702.php.

[17] Iselin 1963, S. 20.

[18] Verkehrsverein Bettingen 1999, S. 2.

[19] Iselin 1963, S. 15.

[20] Amstutz 2001 und Fischer/Katzenmaier 1992, S. 144–153.

[21] Amstutz 1990.

[22] Iselin 1963, S. 23.

[23] Basler Zeitung, 24.09.2009.

[24] Meyer 1979, S. 38–47.

[25] Baettig 1996, S. 164–175, und Riehener Zeitung, 28.11.2003.

[26] Sammlung Michael Raith: Ordner 1, Riehener Zeitung, Ausschnitt undatiert.

[27] Gespräch mit Willi Bertschmann-Unholz und Anna Tanner-Frei am 10.02.2010.

[28] Lexikon der Schweizerischen Gemeindenamen, hg. von Andres Kristol, Frauenfeld 2005, S. 147.

[29] Grüninger, Sebastian: Hube, Version vom 15. Januar 2008, in: Historisches Lexikon der Schweiz, URL: http://www.hls-dhs-dss.ch/textes/d/D25975.php, Zugriff: 15.01.2008.

[30] Ebd.

[31] Schweizerische Heraldische Gesellschaft 1920, S. 139.

[32] Riehener Zeitung, 04.05.1951.

[33] StABS: Gemeindearchiv Bettingen (1786–1985), Protokolle des Gemeinderates (1951–1959), Sitzung vom 27.03.1956.

Die politischen Geschicke des Dorfes wurden über
Jahrzehnte von denselben Familien geprägt. Am
Aufrichtefest des Gemeindehauses im Jahr 1968
fanden sich jedoch bereits engagierte Zuzüger
unter den Gemeinderäten.

POLITIK UND GEMEINSCHAFT

Die Gemeinde Bettingen besteht aus zwei Siedlungen, deren Entstehungs-
geschichte und Charakter voneinander unabhängig und verschieden sind:
Die Gründung des in einer Mulde des Dinkelbergs liegenden Dorfes geht
auf eine alemannische Hofsiedlung zurück. Bis ins 20. Jahrhundert war der
Ort kaum erschlossen und fast ausschliesslich landwirtschaftlich geprägt.
Die beachtliche Häusergruppe rund um die einstige Wallfahrtskirche auf
dem Chrischonahügel geht auf die Gründung der bis heute bestehenden
freikirchlichen Gemeinschaft der Pilgermission St. Chrischona im Jahr 1840
zurück. Ausser der Rehabilitationsklinik des Bürgerspitals gehören beinahe
alle Landparzellen auf der Anhöhe oberhalb des Dorfes der Pilgermission.
Der Weg zwischen dem Dorf und der Gemeinschaft auf dem Berg mag
stellvertretend dafür stehen, dass beim Austausch zwischen den beiden
Teilen der Gemeinde eine gewisse Distanz überwunden werden muss.

GEMEINDE UND GEMEINSCHAFT

Ein gemeinsamer öffentlicher Raum ist für den Menschen existenziell. Gleich wie etwa ein Tisch in der Mitte einer Gemeinschaft steht, steht die Welt als Ort und Fläche zwischen denen, die darin leben.[1] Der öffentliche oder der politische Raum, hier die Einwohnergemeinde Bettingen, ist gewissermassen der Tisch, an den sich die in dieser geteilten Welt Wohnenden gemeinsam setzen. Die Tischfläche bietet Raum für Begegnung, den Raum dazwischen, der notwendig ist, dass das Zusammenleben nicht in Unordnung gerät. Dies ist umso wichtiger, wenn grosse Veränderungen stattfinden. Bettingen hat sich während der letzten hundert Jahre vom abgelegenen, mittellosen Bauerndorf zu einem attraktiven und begehrten Wohnort entwickelt. Der einstige Gemeindeverwalter Julius Ammann-Zisch alias Sebastian Hämpfeli fasste die Veränderungen in einem Gedicht zusammen, das die Modernisierung preist und zuletzt daran erinnert, dass diese Entwicklung nur dank dem Kollektiv der Gemeinde stattfinden konnte:

Jetzt sag mr, wie isch denn das Wunder so cho?
Es hai alt e paar müesse zämme do stoh.
S' goot immer, wenn aine im Guete nosträbt
Und nit nur für sich, nai für andri o läbt.
Dä Wahlspruch muess blybe. Nit bloss im Verein.
Er gilt fürs ganz Dörfli
Denn sy mr e Gmain.[2]

Das Café Wendelin im Dorfzentrum wird von der Gemeinde betrieben und ist ein wichtiger Ort der Begegnungen.

An Dorffesten wie hier 1923 demonstrierte der Turnverein, in dem ein Grossteil der jungen Männer des Dorfes aktiv war, mit seinen Pyramiden Standfestigkeit und dörfliche Kultur. Im Hintergrund links der Dinghof, in dem im Mittelalter die Gerichtsbarkeit des Dorfes ihren Sitz hatte.

GEMEINDEAUTONOMIE UND DAS VERHÄLTNIS ZUR STADT

In ihrer heutigen Form gibt es die Schweizer Gemeinde seit der ersten Hälfte des 19. Jahrhunderts. Die Gemeindeautonomie ist im Bundesrecht verankert, im Übrigen untersteht das Gemeindewesen dem kantonalen Recht.[3] Die Selbstständigkeit der Gemeinden ist innerhalb der Schweiz bis heute wichtig. 1985 ratifizierte die Eidgenossenschaft die in Strassburg ausgearbeitete Europäische Charta der kommunalen Selbstverwaltung, die den Schutz und die Stärkung der Gemeindeautonomie als wichtigen Beitrag zum Aufbau eines demokratischen Europas erachtet.[4] Im Oktober 2009 zählte die Schweiz trotz Fusionsdruck von Bund und Kantonen 2624 politische Gemeinden. Bettingen zählt darunter nicht etwa zu den kleinsten. Fünfzig Prozent aller Schweizer Gemeinden zählten im Jahr 2007 weniger als 1023 Einwohnerinnen und Einwohner.[5]

Prägend für Bettingen sind insbesondere zwei Faktoren: Es ist das einzige Dorf im Stadtkanton – Riehen zählt mit über zwanzigtausend Einwohnenden längst zu den Städten. Und seit der Kantonsverfassung von 1875 existiert in Basel-Stadt keine organisatorisch selbstständige Einwohnergemeinde mehr. Deren Geschäfte wurden dem Kanton übergeben. Alt Regierungsrat Kurt Jenny äusserte sich 1984 zu dieser Situation am Tag der Landgemeinden im Wenkenhof folgendermassen: «Ich sehe mich darum in die Lage versetzt, hier nicht nur als Vertreter der kantonalen Exekutive, sondern eigentlich auch gleichzeitig als städtischer Gemeinderat zu Ihnen zu sprechen. Es handelt sich also um eine Art Ämterkumulation, die bereits auf Verfassungsebene statuiert wird.»[6] Autonomie ist nicht zuletzt deshalb bis heute ein wichtiges Schlagwort für die kleinere der beiden zum Kanton Basel-Stadt gehörenden Einwohnergemeinden. Dank den seit den 1960er-Jahren verbesserten Gemeindefinanzen konnte Bettingen immer mehr Aufgaben selbst übernehmen. Noch um 1900 war das arme Bergdörflein froh über jedes Geschäft, das es dem Kanton abgeben durfte.

ABSTIMMUNG ÜBER DIE WIEDERVEREINIGUNG 1969

In Bettingen wie in Riehen gab es ab den 1960er-Jahren breit abgestützte Bestrebungen zu einer selbstständigeren Bewältigung der Gemeindeaufgaben. Die erwünschte Autonomie schien durch die Wiedervereinigungsbestrebungen der beiden Basler Halbkantone in Reichweite: Hätten sie sich damals zusammengeschlossen, wäre in der Stadt Basel wieder eine Einwohnergemeinde eingerichtet worden, was gleichzeitig eine klarere Aufteilung zwischen Gemeinde- und Kantonsaufgaben nach sich gezogen hätte. Der Verfassungsentwurf für einen wiedervereinten Kanton Basel versprach zudem die Wahrung grösstmöglicher Gemeindeautonomie, von der auch Riehen und Bettingen profitiert hätten. Aber der Zusammenschluss der beiden Halbkantone wurde 1969 von den Stimmbürgerinnen und Stimmbürgern des Halbkantons Basel-Landschaft mit einer Mehrheit von sechsundsiebzig Prozent abgelehnt. Während die Gesamtheit der basel-städtischen Wahlberechtigten der Vorlage mit 66,5 Prozent zustimmten, sprach sich Bettingen mit 242 Nein- und nur 103 Ja-Stimmen gegen die Vorlage aus.[7] Nach diesem Entscheid entbrannte die Diskussion um die Autonomie der basel-städtischen Landgemeinden vehementer als zuvor.

Vor der letzten umfassenden Revision der Kantonsverfassung, die 2006 in Kraft trat, verfasste der Gemeinderat eine Standortbestimmung, die betonte, dass Bettingen kein ländliches Bergdorf ohne Sorgen sei, das von seinen reichen Einwohnerinnen und Einwohnern lebe und sich von den Nachbarn bedienen lasse. «Bettingen bemüht sich, ein ernst zu nehmender Partner seiner Nachbarn zu sein. Aber weil sich Bettingen nicht alles leisten kann und will, muss es sich entscheiden, wo es selbstständig handeln und was es anbieten will.»[8] Schon seit den 1970er-Jahren übernahm das zunehmend wohlhabende Dorf immer mehr Aufgaben und erlangte so eine grössere Unabhängigkeit vom Kanton. Eine Auflistung macht dies deutlich:

1971	erstmaliger Beitrag an den Krankenpflegeverein Riehen-Bettingen
1976 und 1989	Übernahme der Kosten für die Kanalisation
1976	Mitwirkung im Baubewilligungswesen, Ermöglichung von Ziviltrauungen im Gemeindehaus durch einen Zivilstandesbeamten der Stadt Basel
1977	erstmalige Entschädigung für das Wahlbüro bei eigenössischen und kantonalen Wahlen und Abstimmungen
1980	erstmalige Übernahme der Kosten von Denkmalschutz, Baumschutz, Strassenplanung und der Fahrschule der Bettinger Bezirksfeuerwehrmänner
1982	Übernahme der Bestattungs- und Unterhaltskosten auf dem Friedhof
1983	Übernahme der Wasserhoheit
1984	Übernahme der Fürsorgekosten
1988	Übernahme der Kosten der Altersbeihilfe
1993	Übernahme der Spitex-Kosten (spitalexterne Hilfe)
1995	erstmalige Beteiligung an den Kosten der Schulzahnklinik Riehen
1996	Übernahme der Kindergärten gemeinsam mit Riehen
2009	Übernahme der Gemeindeschulen gemeinsam mit Riehen

NEUORDNUNG DES VERHÄLTNISSES ZWISCHEN KANTON UND EINWOHNERGEMEINDEN

Die Bestrebungen, vermehrt Gemeindeaufgaben vom Kanton zu übernehmen, fanden in der letzten Revision der Kantonsverfassung von 2006 ihren vorläufigen Abschluss. Der Kanton und die Einwohnergemeinden ordneten in einem langen Prozess ihre Aufgaben neu. Diese Neordnung zwischen Kanton und Einwohnergemeinden lief unter der Abkürzung NOKE. Nach der Prüfung möglicher Aufgabenbereiche, die Bettingen und Riehen übernehmen können, wurde in einem zweiten Schritt der finanzielle Entlastungseffekt für den Kanton berechnet. Daraus entwickelte sich die Schaffung eines Finanzausgleichs zwischen den Einwohnergemeinden. Die Übernahme zusätzlicher Aufgaben durch Riehen und Bettingen führte zu einer Aktualisierung des kantonalen Gemeindegesetzes.[9] So wurde Bettingen per 1. Januar 2008 zur teilweisen Finanzierung der neu übernommenen Aufgaben – Betreibung der Primarschule, Reinigung und Winterdienst der Kantonsstrassen und Pflege der Grünanlagen – an der Vermögenssteuer beteiligt. Der Gemeinde war wichtig, die Steuergelder behalten zu können. Dafür übernimmt sie gern Aufgaben, denn Gemeindepräsident Willi Bertschmann-Unholz gibt zu bedenken: «Mit nur einem Grossrat können wir nicht wirklich mitbestimmen, was mit dem Geld geschehen soll.»[10] Herzstück der Reform war die Übernahme der Primarschulen und der Tagesschulen ab August 2009, die für Bettingen nur in Zusammenarbeit mit Riehen möglich war. Für die kleinere der beiden Gemeinden war dabei oberstes Ziel, den Schulstandort Bettingen zu erhalten. Dieser beeinflusst die Attraktivität des Wohnorts erheblich. Während bei der Schulübernahme die Abgrenzung der Aufgaben zwischen Gemeinden und Kanton noch relativ einfach waren, gestalteten sich die Berechnungen für die Übernahme der Reinigung und Pflege der Kantonsstrassen und Grünflächen auf Gemeindegebiet komplizierter. Da kein separates Budget zu den Ausgaben der Einwohnergemeinde Basel vorliegt, kann bisher kaum gesagt werden, welche Strassen kantonal beziehungsweise kommunal sind.

Die neue Kantonsverfassung nennt Bettingen und Riehen explizit nicht mehr Landgemeinden, in der Hoffnung, der Verwechslung mit den basel-landschaftlichen Gemeinden vorzubeugen. Grundsätzlich hat der NOKE-Prozess die Beziehung zwischen Bettingen und der Stadt gestärkt.

Um das Verhältnis Bettingens zum Kanton Basel-Stadt und damit seine heutige Stellung als Einwohnergemeinde innerhalb des Staates zu verstehen, lohnt sich ein Blick in die Geschichte.

Bettingen ist nicht gross. Und viele hiessen hier Bertschmann. Dass «'s Sämi Anne» und «'s Sämi Fritze» auch «Bertschmänner» waren, wusste der kleine Willi noch nicht. «Wir kannten die richtigen Namen kaum. Viele wurden nach dem Vater benannt.» Wenn der Gemeindepräsident von Bettingen erzählt, wird das alte Dorf wieder lebendig. Sein Schwiegervater war ein Unholz von Riehen. Hörte Willi Bertschmann dessen Jugenderinnerungen zu, so schien ihm, in Bettingen müsse die Zeit um eine Generation verschoben sein. Denn was der Schwiegervater als Kind in Riehen erlebt hatte, kennt der Urbettinger Willi Bertschmann aus seiner eigenen Kindheit. Dass in Bettingen alles ein bisschen gemächlicher geht als im Tal, passt zu dessen Gemeindepräsidenten. Das Wort Stress scheint seinem Vokabular fremd. Trotz eines satt gefüllten Tagesprogramms erkundigt er sich während dem Lunch beim Pächter des Restaurants Waldrain nach den Geschäften und den Gemeindearbeitern am Nebentisch bringt er einen Kaffee. In einem kleinen Dorf muss der Gemeindepräsident halt auch mal selbst mit anpacken. Damit der erste tamilische Ladenpächter mit der Dorfbevölkerung in Kontakt kam, gab Bertschmann ihm den Tipp, einen Apéro zu veranstalten. Am

WILLI BERTSCHMANN-UNHOLZ

vereinbarten Termin war aber nichts vorbereitet. «Da habe ich Käse bei ihm gekauft, den heimgenommen, mit meiner Frau schön geschnitten und Apéro-Häppchen gemacht.» Nichts Kleinliches haftet Willi Bertschmann an, dessen Vorfahren zwischen 1799 und 1961 nicht weniger als vierundzwanzig von insgesamt sechsundsiebzig Gemeinderäten stellten. Auch dieser Bertschmann ist einer, der gern Verantwortung übernimmt, der mitdenkt und mitgestaltet. Als der gelernte Elektromechaniker 1968 als Computerspezialist in sein Heimatdorf zurückkehrte, nahm er interessiert an der Dorfpolitik teil. Er trat der Bürgerlichen Vereinigung bei und wurde zweiunddreissigjährig in den Bürgerrat gewählt. Weil die Jungen in der politischen Vereinigung der Alten wenig zu sagen hatten, gründeten sie die Dorfvereinigung Bettingen. Die Zellteilung politischer Vereinigungen in Bettingen erklärt Willi Bertschmann mit einer landwirtschaftlichen Metapher: «Es ist wie in einer Viehherde. Wenn zwei Alphatiere dabei sind, dann trennt sich die Herde. So ging es in Bettingen mehrmals.» Bertschmann würde sich selbst kaum als Leittier bezeichnen. Dennoch gelangte er immer wieder in diese Position. Bis 1994 prägte er den Bürgerrat, von 1986 an als Präsident. In der zur Bettinger Dorfvereinigung mutierten Dorfpartei war er immer aktiv. 2003 fragte man ihn an, ob er als Gemeindepräsident kandidieren würde. «Beim Langlaufen im Goms wurde ich dann ‹überschnuurt›», lacht Willi Bertschmann. Als junger Gemeindepolitiker fragte er sich immer, warum die Alten so lange in ihren Ämtern bleiben. «Man sollte in einem Amt nicht über siebzig werden», ist er heute noch überzeugt. «Das reicht grad noch bis zum Ende der laufenden Legislatur. Dann werde ich neunundsechzig sein.»

HÖRIGES DORFLEBEN

Die ersten Dokumente, die über das Geschick des Dorfes berichten, stammen aus einer Zeit, als sich wenige Herrschende die Welt teilten und eine Gemeinde im heutigen Sinn nicht existierte. Mit dem Beginn der Herrschaft der Franken wurde das Land im Namen des Königs unter feste Verwaltung genommen. Seit dem 6. Jahrhundert nach Christus gehörte Bettingen – wie die Nachbargemeinde Grenzach – zur selben politischen Einheit, dem Breisgau. Diesem standen Grafen vor, die späteren Markgrafen. Bis ins 16. Jahrhundert richtete sich das Dorf politisch und kirchlich nach St. Chrischona und Grenzach aus und hatte nahezu keine Verbindungen zu Riehen und Basel. Noch bis 1848 waren die Bettinger verpflichtet, dem Pfarrer von Grenzach den Kirchenzehnten, eine Art Naturalsteuer, abzugeben.

BASEL KAUFT BETTINGEN

Bereits im 14. Jahrhundert gelangte Basel in den Besitz von Rechten in Bettingen.[11] Dennoch gehörte die Gerichtsbarkeit zunächst noch den Edlen von Bärenfels und ging dann 1472 an die Truchsessen von Wolhusen über. Diese Grossgrundherren verliehen den Ansässigen Land und bezogen dafür Zinsen. Damals war der Dinghof das ursprüngliche Zentrum des Dorfes, wo die Hofherren Gericht abhielten und die Hörigen dem Beamten des Hofherrn, dem Meier, den Zins ablieferten.[12]

Seit ihrem Beitritt zur Eidgenossenschaft 1501 dehnte die Stadt Basel ihren Herrschaftsbereich in starkem Mass aus. Das kleine rechtsrheinische Bettingen mag dabei weniger interessant für die grosse Stadt gewesen sein als seine Kirche.[13] Die Verehrung der heiligen Chrischona, der die Bergkirche geweiht war, nahm besonders nach dem Konzil zu Basel (1431–1449) stark zu und zahlreiche Wallfahrende erbaten sich von ihr Hilfe gegen Lähmung, Gliederschmerzen und Zahnweh. Als der päpstliche Legat Kardinal Raymund Peraudi 1504 die Gebeine der Heiligen aus dem Grab heben und als Reliquien verwahren liess, boomte der Wallfahrtsort St. Chrischona geradezu. Kurz darauf, 1513, handelten die Gebrüder Christoffel und Hans Truchsess von Wolhusen mit der Stadt Basel einen Kaufvertrag aus, in dem sie das Dorf Bettingen «verkauft und zu kaufen gegeben». Für achthundert rheinische Gulden kam Basel in den Besitz aller Rechte und Gerichtsbarkeiten sowie sämtlicher Gewinne, die das Dorf und sein Land abwarfen. Dazu gehörten nicht nur Wald, Feld, Wasser, Reben, Äcker, Zinsen und Zehnten, auch die im Dorf wohnenden Menschen und Tiere sowie deren Schulden gelangten in den Besitz der Stadt.[14] Der Kaufvertrag macht deutlich, wie wenig die Menschen, die im Dorf wohnten, zu diesem Besitzerwechsel zu sagen hatten.

Der Kauf wurde bereits 1502 vorbereitet, die Ablösung der Rechte zog sich aber bis ins Jahr 1522 hin, als auch Riehen in Basels Besitz gelangte. Dennoch wird das Frühjahr 1513 als Datum angenommen, an dem Bettingen zu Basel und damit zur Eidgenossenschaft kam.

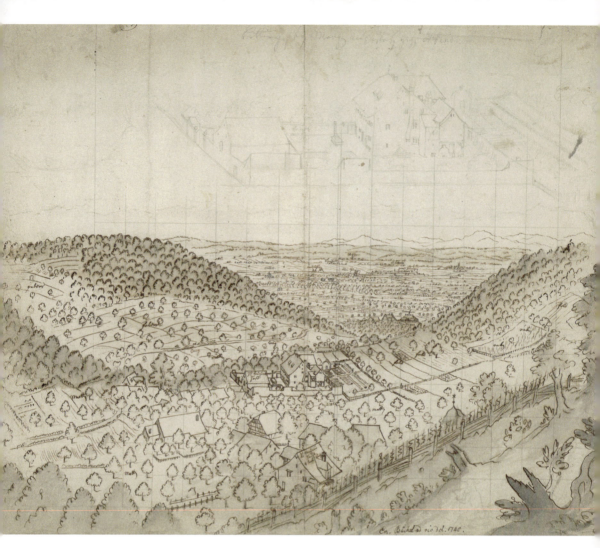

Die Stadt und Herrschaft Basel liess das Dorf durch einen Vogt verwalten, der aus dem Kleinen Rat gewählt wurde und in der Landvogtei in Riehen seinen Amtssitz hatte. In Bettingen selbst amteten ein Untervogt und die Geschworenen, ein Weibel und ein Bannwart. Ihr Sitz war nun nicht mehr der Dinghof, sondern das Hofgut. Hier, im heutigen Baslerhof, richteten sich die Untervögte standesgemäss ein. Die Federzeichnung von Emanuel Büchel zeigt den grosszügigen Sitz der Basler Herrschaften im Jahr 1740 im ansonsten kleinbäuerlichen Dörfchen.

FREIHEIT UND GLEICHHEIT

Als zu Beginn des Jahres 1798 vor dem Hofgut – dem Sitz des Untervogts – ein Freiheitsbaum errichtet wurde, habe sich dessen Besitzer vorsichtshalber an den Ovationen für die Freiheit beteiligt, berichtet Ludwig Emil Iselin in der ersten Dorfgeschichte Bettingens. Die Verhältnisse waren hier weniger gespannt als auf der Landschaft und der in Riehen amtierende Landvogt Johann Lukas Legrand war bei der Bevölkerung beliebt.[15] Trotz dieser gemässigten Haltung verlangte man auch hier gleiche Rechte und Freiheiten wie für die Bürger der Stadt. Im Zentrum der Forderungen standen die Aufhebung der Leibeigenschaft, der Zinsen und Zehntenabgaben, die freie Nutzung der Wälder, die Erlaubnis, ein Handwerk zu erlernen und das Recht auf eine gute Schulbildung. Die kurze Zeit der Helvetik von 1798 bis 1803 führte erstmals zur Anerkennung der Gemeinden als selbstständige Körperschaften. Der den Gemeinden übergeordnete Kanton hatte eigene Behörden zu bestellen, die nicht mehr identisch sein durften mit den städtischen Obrigkeiten. Zudem schaffte die Verfassung der Helvetischen Republik in der ganzen Schweiz die Untertanenschaft ab, womit die Bettinger Männer nun rechtlich den Stadtbürgern gleichgestellt waren.

Die Mediationsverfassung von 1803 schränkte das Wahlrecht der Landgemeinden und die Niederlassungsfreiheit wieder ein. Von den in der Helvetik eingeführten Ämtern blieb die «Munizipalität» unter dem neuen Namen «Gemeinderat» bestehen. Der Vorsteher der kommunalen Behörde hiess nun erstmals Gemeindepräsident.[16] Die städtische Oberschicht tat sich mit ihrer neuen Rolle, Gemeinde unter Gemeinden zu sein, derart schwer, dass sie die Rechte der Landgemeinden nach 1815 sukzessive rückgängig machte. Dies führte zu Aufständen auf der Landschaft. Bettingen hielt zur Stadt, nicht zuletzt seiner rechtsrheinischen Lage wegen, die dem Dorf keinen direkten Zugang zu den Landgemeinden ermöglichte. 1833 kam es zur Trennung des Kantons Basel in zwei Halbkantone.[17] Während der darauf zwingend erfolgenden Aufteilung des Staatsvermögens überwies der Grosse Rat von Basel auch Bettingen Eigentum: achtundvierzig Jucharten im Gemeindebann gelegene Waldungen. Bis zu diesem Zeitpunkt durften die Bettingerinnen und Bettinger in den Wäldern nur ihr Vieh weiden, Bruchholz sammeln und den Ertrag der Eicheln und Buchnüsse für sich beanspruchen.[18] Mit dem eigenen Wald verfügte die Gemeinde erstmals über eine eigene Geldquelle, um notwendige Gemeindeaufgaben zu übernehmen.

CHAOTISCHE POLITIK VOR 1875

Von 1798 bis 1803 wurden die Gemeindepräsidenten «Präsidenten der Munizipalität Bettingen» genannt und hätten durch einen von der Kantonsregierung ernannten Agenten vertreten werden sollen. Am 18. Oktober 1800 schrieb Hans Jacob Bertschmann an den Basler Statthalter: «Mihr brauchen keinen Agent sondern ess ist genug an der Mulycibatiet [sic!].»[19] Der Regierungsstatthalter Heinrich Zschokke schrieb daraufhin an den Unterstatthalter des Distrikts Basel: Bettingen habe keinen Agenten, das Kantonsblatt werde an den Gemeindeversammlungen nicht verlesen und es herrsche Anarchie und Gesetzlosigkeit.[20] Nach der kurzen Zeit der Helvetischen Republik gab es keine Munizipalität mehr, die Gemeindepräsidenten wurden im Kanton Basel-Stadt bis 1875 vom Kleinen Rat ernannt. Schnelle Wechsel im Amt der Gemeindepräsidenten lassen ahnen, dass die Stellung nicht beliebt war. Der Präsident Leonhard Frey schrieb 1827, er habe geglaubt, er könne die Gemeinde in eine bessere Ordnung bringen, «aber vergebens machte ich mir Mühe, als ich die Unterstüzung von der Obrigkeit dazu nannte, so musste ich als ein Herrendiener und ein Gemeinduntertruker geschmächt werden, man brauche keine solchen zu Bettingen. Diesen Schmähungen müde und überdrüssig genug bin, und verlange also [...] auf diese meine Abbitte die Entlassung der Gemeinde Raths stelle, das man einen andern an meine Stelle wehlen kann.»[21]

ERSTE GEHVERSUCHE ALS BASEL-STÄDTISCHES GEMEINDEWESEN

Die Kantonstrennung fiel gesamtschweizerisch in eine bewegte Zeit. Erst die neue Bundesverfassung von 1848 machte die Schweizer Eidgenossenschaft zu einem Bundesstaat, in dem jeder Kanton eine eigene Verfassung erhielt. Seither haben die Kantone die Oberaufsicht über ihre Gemeinden, während der Bund nur über den Kanton auf eine Gemeinde Einfluss nehmen kann. Das bedeutet, dass die Regelungsautonomie in Gemeindesachen beim Kanton liegt.[22] Die drei Gemeinden Bettingen, Kleinhüningen und Riehen unterstanden damit direkt der Kantonsregierung von Basel-Stadt, die jedoch weitgehend mit den städtischen Obrigkeiten zusammenfiel. Bis zur Kantonstrennung hatte Bettingen noch zum Bezirk Liestal gehört. Nun musste die kleine Landgemeinde des Stadtkantons allein wichtige Aufgaben übernehmen und hatte keine ländlichen Dorfgemeinden mehr zur Seite, die ähnliche Interessen geteilt hätten. Mit der Revision der Bundesverfassung von 1874 bildete sich das politische System heraus, das in weiten Teilen bis heute besteht. Die Vorrechte der Ortsbürger wurden aufgehoben und alle niedergelassenen Schweizer Männer erhielten das Recht, in Gemeindeangelegenheiten mitzureden. Damit löste die Einwohnergemeinde die bisherige politische Macht der Bürgergemeinde ab.

Die auf der revidierten Bundesverfassung gründende Kantonsverfassung von 1875 führte das Departemental-System ein und regelte das Verhältnis zwischen Kanton und Landgemeinden. 1877 trat ein neues Gemeindegesetz in Kraft, das die Kompetenzen des Gemeinderats und der Gemeindeversammlung erstmals umriss. In Bettingen hatte der Gemeinderat alle Gemeindegeschäfte zu führen. Er bestand aus einem Präsidenten und zwei Räten, die für drei Jahre gewählt und wiederum wählbar waren. Die Gehälter der Gemeindeangestellten mussten von der Gemeinde selbst festgesetzt und bestritten werden. Wichtigste Person war der Gemeindeschreiber. Er erledigte sämtliche offiziellen Schreibarbeiten, war für die Führung der Protokolle zuständig, hatte ein Archiv anzulegen und das Stimmregister zu führen.

DIE BÜRGERGEMEINDE

Mit der Entstehung der Einwohnergemeinde 1874 wurde die Bürgergemeinde als eigenes Organ der Ortsbürger eigentlich erst geschaffen. Dabei ging es vor allem um die Abgrenzung des Vermögens der Bettinger Bürger. Der Bürgergemeinde gehörten das Armengut, die Waldungen und das Spritzenhäuschen, das auch die Einwohnergemeinde benützen durfte. Der von der Bürgergemeinde gewählte Bürgerrat verwaltete das Armengut und das Korporationsvermögen, während die Einwohnergemeinde alle anderen Bereiche abdeckte.

Die wohl wichtigste und aufwändigste Aufgabe der Bürgergemeinde war das Aufkommen für armengenössige Personen. Die Fürsorgeakten von Bettinger Bürgerinnen und Bürgern sind zahl-

Elias Weiss-Krebs, auf der Fotografie um 1920 mit seiner Tochter, war von 1876 bis 1918 Gemeindeschreiber Bettingens. Als bei den Gemeinderatswahlen 1900 sein Sohn, Arnold Weiss, als Gemeindepräsident gewählt wurde, wandte sich der Vater an den Regierungsrat: Es gebe Probleme mit der Zeichnungsberechtigung, da Vater und Sohn sämtliche offiziellen Dokumente unterschreiben würden, er jedoch nicht zurücktreten könne, da ausser ihm niemand die Geschäfte kenne. Vater Weiss trat offiziell 1902 von seinem Amt zurück. Bis zum Eintritt seines Nachfolgers bot er an, das Amt provisorisch weiter zu verwalten. Dieses Provisorium dauerte achtzehn Jahre.[23] Elias Weiss' Nachfolger Julius Ammann-Zisch zeichnete während achtundzwanzig Jahren als Gemeindeschreiber Bettingens, Walter Nebiker waltete im selben Amt während zwanzig Jahren.

reich und zeigen auf, wie die Dorfbehörde mit der Armut fertig zu werden versuchte. In der Gemeinderechnung von 1879 erscheint der Eintrag: «Wir hatten für liederliche junge Leute grosse Ausgaben. Worunter 2 Personen die nach Amerika spediert wurden.»[24] 1888 hiess es: «Der Grund des steten Wachsens der Armenkassenausgaben liegt einerseits in der durch die vielen Fehljahre hervorgebrachten Verarmung der landwirthschaftlichen Bevölkerung, und andererseits in der zunehmenden Liederlichkeit und Zerrüttung der Familien.» Da die Bevölkerung von Bettingen im ausgehenden 19. Jahrhundert kaum Bargeld hatte und fast nur aus Ortsbürgerinnen und -bürgern bestand, war die Aufgabe der Bürgergemeinde eine schwierige. Wichtig war das «Gabholz», eine bestimmte Menge von Brennholz aus dem Bürgerwald, die jedem Mitglied der Bürgergemeinde jährlich zustand. Mit dem Gemeindegesetz von 1916 fiel diese Abgabe weg. Das war für viele Haushaltungen schmerzlich: 1910 lebten von den 164 Bettinger Bürgerinnen und Bürgern 129 im Ort. Das Dorf zählte damals insgesamt rund fünfhundert Personen. Erst kurz nachdem die Holzgabe wegfiel, konnte in Bettingen erfolgreich über eine Verlegung von Gasleitungen diskutiert werden.[25]

Trotz der Trennung in Ortsbürger und Einwohner blieb der Einfluss der Bürgergemeinde in Bettingen bis weit ins 20. Jahrhundert gross. Dies verdeutlicht allein die Tatsache, dass bis 1958 das Amt des Gemeindepräsidenten identisch war mit demjenigen des Bürgerratspräsidenten. In der zweiten Hälfte des 20. Jahrhunderts verlor die Bürgergemeinde an Einfluss. Mit dem neuen

Ende des 19. Jahrhunderts lebte ein grosser Teil der Bettingerinnen und Bettinger in einfachsten Verhältnissen. Viele waren auf die Unterstützung durch die Bürgergemeinde angewiesen. Hier eine unbekannte Familie in Bettingen um 1900.

Sozialhilfegesetz gab sie 2005 auch den grossen Bereich der Fürsorge ab, so dass ihr heute nur noch das Kerngeschäft der Einbürgerungen und die Verantwortung für den Bürgerwald bleiben. Von den 1175 Einwohnerinnen und Einwohnern Bettingens besassen am 31. Dezember 2009 gerade noch 168 das Ortsbürgerrecht.

EINGEMEINDUNGSDEBATTE

Die prekäre finanzielle Lage ihrer Landgemeinden bewog die Kantonsregierung 1886, das Departement des Inneren mit möglichen Sanierungsvorschlägen zu betrauen.[26] Als ein Antrag zur Eingemeindung Riehens 1891 abgelehnt wurde, war das Thema für eine Weile vom Tisch. Mit der projektierten Kanalisation in Riehen, die Riehen unerschwinglich schien, begann 1898 erneut eine

Debatte um die Eingemeindung. Nachdem Riehen bereits eingewilligt hatte, fragte man auch in Bettingen nach, in der Annahme, dass hier einer Eingemeindung ebenfalls zugestimmt würde. Im Bergdorf reagierte man erstaunt. Man sei bisher nicht angefragt worden und wolle eine eventuelle Eingemeindung erst überprüfen. 1899 schloss sich der Gemeinderat Bettingen zwar dem Eingemeindungsbegehren von Riehen an, erklärte jedoch bereits ein Jahr später, dass eine Geschäftsübernahme nicht dringlich sei. Diese Antwort der Bettinger Gemeindeväter veranlasste den Kanton zum Urteil, dass die Gemeinden Riehen und Bettingen nicht in einer Notlage um Übernahme anfragten, sondern lediglich, weil sie sich einen Vorteil erhofften. Als die Vorlage nochmals an die Departemente ging, wurde sie 1900 abgelehnt.[27]

DIE MUSTERGEMEINDE UND IHRE STEUERN

Steuereinnahmen ermöglichten der Gemeinde Bettingen, die im 19. Jahrhundert kaum über Mittel verfügte, wichtige Gemeindeaufgaben zu übernehmen: den Unterhalt der Strassen, den Schulhausbau oder die Ordnungsdienste.[28] Nach dem Gemeindegesetz von 1876 musste eine Gemeindeversammlung mindestens einmal jährlich zur Abnahme der Rechnung stattfinden. Wegen der Mehrausgaben, die das neue Gemeindegesetz brachte, wurden die Steuern bereits ein Jahr später erhöht, so dass das Einkommen erstmals etwas wuchs. Weitere Gemeindeaufgaben machten 1898 und 1910 erneute Steuerreformen notwendig.[29] Erst dann wurde eine Kataster-, Gebäude- und Personalsteuer eingeführt.

Die mageren Steuerjahre sind inzwischen längst vorbei. Bettingen mauserte sich zur Mustergemeinde, wie die «Riehener Zeitung» am 18. März 1977 schrieb: «Eine landschaftlich schöne Lage fernab von unangenehmen Umwelteinflüssen, eine gesunde Finanzlage, übersichtliche Verhältnisse.» Während der Amtszeit des Gemeindepräsidenten und Bankfachmanns Wilhelm A. Müller-Bertschmann wurde Bettingen zu einem reichen Dorf. Als dieser 1951 in den Gemeinderat gewählt wurde, beliefen sich die Einnahmen auf 27 000 Franken. Die Jahresrechnung von 1976 wies bereits über eine Million Franken aus. Entsprechend neidvoll blickten die Städter auf die grossen Unterschiede bei der Steuerbelastung und monierten fehlende Zahlungen an städtische Zentrumslasten. Die Gemeinde hielt dagegen, sie wolle nicht dafür gestraft werden, dass sie die Probleme der Stadt nicht habe.[30] Mit der Neuordnung des Verhältnisses zwischen Kanton und Einwohnergemeinden (NOKE) und der Übernahme von Aufgaben durch die Gemeinden im neuen Jahrtausend ergab sich eine Verschiebung der Anteile von Kanton und Gemeinde am Gesamtsteuerertrag. Bettingen und Riehen bezahlen heute gemäss Finanz- und Lastenausgleichsgesetz eine pauschale, lineare Abgeltung in der Höhe von 2,5 Prozent des kantonalen und kommunalen Einkommenssteuer-Potenzials an die Zentrumslasten der Stadt. Dass die Gemeinde 2009 ihre Steuern erneut senken konnte, erklärt man sich damit, dass es stetig mehr Einwohnerinnen und Einwohner mit hohem Einkommen nach Bettingen zieht.[31]

POLITISCHE SYSTEME

Das politische System der Gemeinde ist so direktdemokratisch wie überhaupt nur möglich. Sämtliche in Bettingen wohnhaften stimmberechtigten Schweizer Bürgerinnen und Bürger bilden die Gemeindeversammlung. Diese ist die Legislative, die gesetzgebende Instanz der Gemeinde. Der Gemeinderat bildet mit dem Präsidenten die Exekutive. Gemeinsam mit der Verwaltung hat er die Beschlüsse der Gemeindeversammlung auszuführen. Die Exekutive arbeitet Vorschläge aus, die wiederum dem Volk vorgelegt werden.

DIE GEMEINDEVERSAMMLUNG

Die Gemeindeversammlung ist das Herz der Bettinger Dorfpolitik. Sie hat die Aufgabe und die Befugnis, die Gemeindeordnung zu erlassen oder zu ändern, ihr kommt die Oberaufsicht über die Gemeindeverwaltung zu und sie prüft und genehmigt das Budget, die Rechnung und den Verwaltungsbericht der Gemeinde. Sie kann die Ordnung über die Erhebung von Steuern und Abgaben ändern oder neu erlassen und genehmigt wichtige Verträge, die der Gemeinderat abgeschlossen hat. Und nicht zuletzt wählt sie die Mitglieder der Rechnungsprüfungskommission und der Wahlprüfungskommission und zwei Mitglieder der Kindergarteninspektion sowie weitere Kommissionsmitglieder.[32]

Zwei Versammlungen sind vorgegeben und terminiert: Ende April findet die Rechnungsversammlung statt. Anfangs Dezember nimmt die Gemeinde das Budget ab, das ihr der Gemeinderat vorlegt. Der Amtswechsel der Exekutive ist auf den 1. Mai festgesetzt. Früher fand er im Herbst statt, es schien jedoch einfacher, wenn die im Amt stehende Dorfregierung jeweils ihren eigenen Rechnungsabschluss präsentieren kann. Veranstaltungsort der Gemeindeversammlung war bereits zu Beginn des 20. Jahrhunderts die Turnhalle des alten Schulhauses. Seit dem 11. Dezember 1973 dient die Turn- und Mehrzweckhalle des 1974 eingeweihten Schulhauses diesem Zweck. Nach einem Namenwettbewerb erhielt dieser einzige grössere Versammlungsraum Bettingens die Bezeichnung «Dorfhalle».[33]

FRAUEN UND AUSLÄNDER IN DER GEMEINDEVERSAMMLUNG

Am 13. Dezember 1966 fand in Bettingen die erste Gemeindeversammlung statt, an der auch Frauen als gleichberechtigte Bürgerinnen teilnehmen durften. Da der Kanton Basel-Stadt 1966 als erster Deutschschweizer Kanton den Frauen das Stimmrecht in kantonalen und kommunalen Angelegenheiten zusprach, machte diese Gemeindeversammlung in der «AZ Abend-Zeitung», den «Basler Nachrichten», dem «Basler Volksblatt» und der «National-Zeitung» vom 14. Dezember 1966 Schlagzeilen: Bettingen war die erste Gemeinde in der deutschsprachigen Schweiz, die den Frauen auf Gemeindeebene gleiche Rechte wie den Männern einräumte. Der Gemeindepräsident Wilhelm A. Müller-Bertschmann begrüsste die neuen Stimmberechtigten der Gemeinde mit den Worten: «Es besteht denn auch heute, da die Frau im Beruf gleichberechtigte Kollegin ist und auch als Steuerzahlerin voll genommen wird, kein Grund mehr, ihr die politischen Rechte vorzuenthalten. Mann und Frau haben nicht nur die Aufgabe, die Familie

1966 durften die Frauen Bettingens zum ersten Mal an der Gemeindeversammlung teilnehmen. Damit waren sie die ersten Deutschschweizer Frauen, die auf Gemeindeebene ihr Stimmrecht ausüben durften.

aufzubauen, sondern auch an der Gestaltung der Gemeinde mitzuhelfen. Die Frau soll keineswegs verpolitisiert werden, sie soll aber Anteil nehmen an der Entwicklung des Dorfes.» 1966 zählte Bettingen 294 stimmberechtigte Frauen und 242 Männer. Nicht gerade mit denselben Rechten, aber doch immerhin mit dem Gast- und Rederecht versah Bettingen vier Jahre später seine ausländischen Einwohnerinnen und Einwohner. Am 24. März 1970 beschloss man, diese als Gäste ohne Stimmrecht an den Gemeindeversammlungen zuzulassen. Wie die Stimmberechtigten erhalten sie seither vorgängig die Einladung zur Gemeindeversammlung, die Jahresrechnung oder das Budget sowie die weiteren Unterlagen zu den Traktanden.

VON SIPPEN ZU POLITISCHEN VEREINIGUNGEN

Da in Bettingen kein Parlament zwischen die Exekutive und das Volk geschaltet ist, gibt es auch keine Parteienlandschaft. «Bei uns gibt es Köpfe», betont Gemeindepräsident Willi Bertschmann-Unholz.[34] Und alt Gemeindepräsident Wilhelm A. Müller-Bertschmann schrieb im «Riehener Jahrbuch» 1979 zur Dorfpolitik: «Die Transparenz ist gegeben, die Verhältnisse sind in fachlicher und personeller Hinsicht überblickbar und das zwischenmenschliche Gespräch im Rahmen täglicher Begegnung erfüllt noch seine Funktion von Meinungs- und Entscheidungsbildung.»[35]

Bettingen pflegt schon seit den 1960er-Jahren seine eigene politische Landschaft. Am 29. Mai 1967 schrieb die linke Basler «Arbeiter Zeitung»: «Bettingen wird von einer Partei regiert, die gar keine Partei ist, sondern eine bürgerliche Vereinigung. Bis 1958 war das anders, da regierte noch Walter Senn, ein währschafter Vertreter der Sozialdemokratie, und manch eine der modernen Errungenschaften Bettingens geht auf seine Initiative zurück. Heute allerdings ist von der Sozialdemokratie in Bettingen wenig mehr zu spüren; der Brunnen scheint versiegt, die Opposition nur noch am Wirtshaustisch zu Hause. Das ist eigentlich schade, denn eine gesunde Opposition gehört zur Demokratie wie der ‹Grenzacher› an den Bannumgang.» Es gab in den 1950er-Jahren tatsächlich eine sozialdemokratische Ära in Bettingen. Man sagte dem Präsidenten Walter Senn-Bleuel und dem Gemeinderat Fritz Häner-Schlup jedoch Staatsabhängigkeit nach. Sie könnten sich nicht frei für die Interessen des Dorfes einsetzen, da sie beim Kanton angestellt seien, hiess es.

DIE BETTINGER GEMEINDEPRÄSIDENTEN

1833–1835	Hans Jacob Frey-Schlup (1788–1850)
1835–1839	Johann Jacob Basler-Hartmann (1807–1866)
1839–1843	Hans Jacob Frey-Schlup (1788–1850)
1843–1851	Johannes Hunziger-Schneider (1792–1869)
1851–1871	Friedrich Bertschmann-Mohler (1802–1885)
1871–1900	Friedrich Bertschmann-Müller (1829–1902)
1900–1911	Arnold Weiss (1870–1911)
1911–1918	Friedrich Basler-Mory (1856–1922)
1918–1951	Emil Schlup-Schultheiss (1880–1955)
1951–1958	Walter Senn-Bleuel (1893–1980), SP
1958–1982	Wilhelm A. Müller-Bertschmann (1911–1992), Bürgerliche Vereinigung
1982–1994	Kurt Fischer-Winkelmann (1925–2007), Dorfvereinigung Bettingen
1994–2003	Peter Nyikos-Gutzwiller (*1944), VEW, heute EVP
2003–2011	Willi Bertschmann-Unholz (*1942), Bettinger Dorfvereinigung

KEINE PARTEIENLANDSCHAFT

Während der Legislaturperioden des sozialistischen Walter Senn-Bleuel beschlossen bürgerliche Bettinger, der Sozialdemokratie einen Riegel zu schieben. So schlossen sich alle, die rechts der SP politisierten, für die Dorfpolitik in der «Bürgerlichen Vereinigung» zusammen. Sobald eine offizielle Partei (FDP, LDP, CVP usw.) mit einer eigenen Liste auftrat, konnte diese nicht mehr auf der Liste der Vereinigung kandidieren, was bis heute gilt. Die Vereinigung hatte Erfolg. 1958 setzte sich fast der ganze Gemeinderat aus den Mitgliedern der Bürgerlichen Vereinigung zusammen. Anfänglich lose zusammengewürfelt, bildete sich mit den Jahren ein enger Kreis von Männern heraus, deren Entscheidungen sozusagen oppositionslos galten. Ende der 1970er-Jahre regte sich erstmals Widerstand bei den jüngeren Mitgliedern, deren Stimmen kaum Gewicht hatten. Sie gründeten die «Dorfvereinigung Bettingen». Diese hatte ebenfalls eine bürgerliche Ausrichtung, war aber sozusagen das politische Gefäss der jüngeren Generation. In den 1990er-Jahren litt die

Seit das Bettinger Volk ab 1871 seine eigenen Gemeinde-präsidenten wählen konnte, blieb man im Dorf seinen Häuptlingen treu. So amtete Emil Schlup-Schultheiss während dreiunddreissig Jahren als Gemeindepräsident und Wilhelm A. Müller-Bertschmann stand der Gemeinde während vierundzwanzig Jahren vor. Meist wählte Bettingen nicht nach der politischen Ausrichtung, sondern nach der Zugehörigkeit zu Familien und Vereinen. Alte Bettinger Namen wie Schlup, Basler oder Bertschmann sind bis heute in der Dorfpolitik vertreten. Das Gemälde von Jean-Jacques Lüscher zeigt Emil Schlup-Schultheiss, Öl auf Karton, 1952.

Gemeinderats-Wahl in Bettingen!

Werte Stimmberechtigte!

Da im Wahlgang vom 23. und 24. September nur der Präsident und ein Mitglied des Gemeinderates gewählt worden sind, müssen sich die Stimmberechtigten am 30. September oder am 1. Okt. nochmals zur Urne bemühen, um festzustellen, wer als drittes Mitglied dieser Behörde angehören soll. — Wenn wir Ihnen empfehlen, Ihre Stimme

Herrn Dr. J. Mühlethaler

zu geben, verfolgen wir damit nicht irgendwelche private Interessen, sondern lassen uns allein von der Rücksicht auf das Gemeinwohl leiten. Unser Ziel ist die **Wiederherstellung des Friedens in der Gemeinde**, der allein Gewähr für ihre gedeihliche Weiterentwicklung bietet, der aber auch schon allein wegen des harmonischen Zusammenlebens der Dorfbewohner erstrebenswert ist.

Dass die Mehrzahl der Stimmberechtigten das verstanden hat, zeigt das **Ergebnis des ersten Wahlganges.** Herr Schlup-Schultheiss ist trotz der schweren Bedenken, welche seine nach unserer Auffassung nicht immer unparteiische Amtsführung bei uns hervorgerufen hat, von uns nicht angefochten worden, hat vielmehr von unserer Seite eine beträchtliche Anzahl Stimmen erhalten. Im gleichen Sinne legen wir die Tatsache aus, dass Herr Bertschmann-Basler gleich im ersten Wahlgang die notwendige Stimmenzahl erreicht hat. Die Wähler, die sowohl Herrn Schlup als auch Herrn Bertschmann ihre Stimmen gegeben haben, wünschen, dass in unserer Gemeinde alle vorhandenen Familien und Freundschaften, mindestens soweit Gemeindeangelegenheiten in Frage kommen, **miteinander auszukommen suchen und zum Wohl der Gemeinde miteinander arbeiten.**

Das ist auch der Grund, weshalb wir dafür eintreten, dass neben diesen schon gewählten Herren **Herr Dr. J. Mühlethaler** in den Gemeinderat hinein kommt. Er ist kein geborener Bettinger und mit keiner Bettinger Familie durch verwandtschaftliche Bande verknüpft, kann also nicht dem in kleinen Verhältnissen so naheliegenden Verdacht ausgesetzt sein, Familieninteressen und Gemeindeinteressen nicht immer auseinander halten zu können. Andererseit ist er aber doch seit 22 Jahren in unserer Gemeinde als Jugenderzieher tätig, ist Bürger geworden und mit ihren Interessen verwachsen, so dass man von ihm — ganz abgesehen von seinem Bildungsstand — das notwendige Verständnis für die Aufgaben erwarten kann, die unserem Gemeinderat obliegen. Dass er gewillt ist, zum Wohle der Gemeinde mitzuwirken, hat er, der sich nie nach Aemtern und Ehrenstellen gedrängt hat, ihnen vielmehr stets nach Möglichkeit ausgewichen ist, durch die Uebernahme der Kandidatur schon bewiesen.

Wenn vielleicht zu Beginn der Amtsperiode des neuen Gemeinderats zwischen den Herren Schlup und Bertschmann, was nach allem Vorangegangenen ja menschlich durchaus begreiflich wäre, hie und da Unstimmigkeiten auftreten könnten, die dem Gang der Gemeindegeschäfte nicht förderlich wären, oder wenn der eine oder der andere der beiden Herren sich, vielleicht ganz unbewusst und ohne jede böse Absicht, einmal mehr durch Familien- als durch Gemeindeinteressen beeinflussen liesse, dann wäre **Herr Dr. J. Mühlethaler** der richtige Mann, um ausgleichend zu wirken so mit der Zeit ein **Verhältnis im Gemeinderat herzustellen, das der ganzen Gemeinde den so wünschenswerten Frieden wieder schenken könnte.** Geben Sie deshalb Ihre Stimme

Herrn Dr. J. Mühlethaler

Mehrere unparteiische Wähler, die den Frieden lieben.

Jakob Mühlethaler, der von 1911 bis 1936 die Leitung der Gesamtrealschule Bettingen unter sich hatte, konnte im Wahlkampf 1933 die politische Bühne Bettingens nicht beruhigen. Er wurde nicht gewählt und wandte sich 1936 der Mädchenrealschule Dreirosen in Basel zu.

ursprüngliche Bürgerliche Vereinigung an Überalterung, so dass sich die beiden Vereinigungen 1993 auflösten und in die bis heute bestehende «Bettinger Dorfvereinigung» überführt wurden. Schliesslich hatte man ja ähnliche Zielsetzungen und dieselbe Ausrichtung. Die neue Bettinger Dorfvereinigung war wieder alleinige politische Macht im Dorf – aber mit einer gewichtigen Konkurrentin.

Die «Bürgerliche Vereinigung» hatte während der 1960er- und 1970er-Jahre eine Monopolstellung inne und besetzte alle zu vergebenden Ämter im Dorf. Es kam deshalb einer Sensation gleich, als die im Frühjahr 1977 im Turmzimmer der Chrischonakirche gegründete «Vereinigung evangelischer Wählerinnen und Wähler Bettingen» (VEW) auf den Plan trat. In der Folge gelang es der VEW über Jahre, das Gemeindepräsidium und den Bettinger Grossratssitz zu besetzen.[36] 2004 schloss sich die VEW Bettingen in administrativen Belangen mit der Sektion Riehen zusammen. Seit 2007 nennt sich die Partei EVP Riehen-Bettingen. Die Vertreter der EVP in Bettingen finden sich heute jedoch innerhalb der Vereinigung «Aktives Bettingen» und figurieren nur auf Kantonsebene innerhalb ihrer Partei. Selbst diese vorerst letzte Partei hat sich also traditionsgemäss nach dem Bettinger Vereinigungsmodell aufgelöst.

1999 spaltete sich nach einem Debakel um ein zurückgewiesenes Jahresbudget des Gemeinderats von der inzwischen zu einem grossen Verein angewachsenen Bettinger Dorfvereinigung wieder ein Teil ab. Dieser gründete das «Aktive Bettingen». Ebenfalls bürgerlich ausgerichtet, steht diese Vereinigung jedoch «vielleicht etwas weiter links» als die Dorfvereinigung.[37]

KLEINE GEMEINDEVERWALTUNG

Bettingens Gemeindeverwaltung ist jung und seit jeher klein. 1974 trat der erste vollamtliche Gemeindekanzlist seine Stelle an. 1982 erhielt der bis anhin nur teilzeitbeschäftigte Gemeindeschreiber die Bezeichnung Gemeindeverwalter und wurde ebenfalls vollamtlich angestellt. Mitarbeiterinnen wären damals, kurz nach der Erlangung des Stimm- und Wahlrechts für Frauen, in der Verwaltung noch nicht denkbar gewesen. 2010 besteht die Gemeindekanzlei aus einer Leiterin der Verwaltung und einem Leiter der Finanzen, die beide zu hundert Prozent angestellt sind. Ihnen direkt unterstellt ist die Leiterin der Kanzlei, die nebst der Führung der Einwohnerkontrolle und dem Publikumsdienst an Schalter und Telefon auch viele weitere administrative Aufgaben übernimmt und als Berufsbildungsverantwortliche amtet.

Zum Personal der Gemeindeverwaltung gehören auch vier Aussendienstmitarbeitende. Sie sind täglich in der Gemeinde unterwegs und nebst dem Unterhalt von Strassen und Plätzen für den Betrieb des Gartenbads, die Pflege des Friedhofs, der Spielplätze und Grünanlagen sowie für den Winterdienst zuständig.

Für einen Teil der Aufgaben, die anderswo von Verwaltungsangestellten übernommen werden, sind in Bettingen die vier Gemeinderäte und der Präsident zuständig. Die Aufgaben teilen sich auf in die Ressorts «Präsidiales», «Finanzen, Steuern und Recht», «Bau», «Öffentliche Dienste» sowie «Bildung, Kultur und Soziales». Da sich eine kleine Gemeinde wie Bettingen weder einen grösseren Verwaltungsapparat noch Spezialistinnen oder Spezialisten leisten kann, kauft sie sich die Leistungen von Fachpersonen ein oder handelt Dienstleistungsverträge mit den grösseren Nachbargemeinden aus. Die jeweiligen Ressort-Verantwortlichen bleiben dabei die Ansprechpersonen der externen Dienstleister. Dem Milizprinzip der Schweizer Politik entsprechend, werden die Ratsämter nebenberuflich ausgeübt. Die Entschädigung beläuft sich laut der Gemeindeord-

Einweihungsfeier des Bettinger Gemeindehauses am 14. Juni 1969. Im Beisein von Vertretern des Regierungsrats, des Bau- und Finanzdepartements, des Gemeinderats Riehen und des Allgemeinen Consumvereins feierte man stolz die neue Errungenschaft.

nung 2010 für den Gemeindepräsidenten auf jährlich 25 500 Franken, für einen Gemeinderat auf 19 000 Franken. Gemeindepräsident Willi Bertschmann-Unholz meint dazu: «Ein politisches Amt braucht viel Engagement. Solange man unsere Einwohner für solche Ämter begeistern kann, ist ein grösserer Interessenkreis vorhanden, der sich für das Dorf einsetzt.»[38]

DAS GEMEINDEHAUS

Am 1. Juli 1868 tagte der Gemeinderat zum ersten Mal nicht in einer Wirtschaft, sondern in einem ordentlichen Sitzungszimmer im damals neuen Schulhausgebäude. Das Schulhaus blieb über Jahrzehnte Schauplatz der dörflichen Politik. Erst 1957 wurde für die «wenig erfreulichen Raumverhältnisse», in denen die Behörden ihre Geschäfte erledigten, eine neue Lösung gefunden. Der Allgemeine Consumverein hatte einen Neubau an der Hauptstrasse 85 errichtet und am 1. Dezember 1957 bezog die Gemeindekanzlei ein Zimmer im ersten Stock.[39] Dieser Raum beherbergte bald auch die Sitzungen des Frauenvereins und des Lese- und Verkehrsvereins. Zudem wurden dort die Bücher von Schwester Elisabeth Pfaff aufbewahrt, die als «Gemeindebibliothek» galten. Die Abstimmungen fanden immer noch im alten Schulhaus statt.

1963 erhielt Bettingen zur Jubiläumsfeier «450 Jahre Bettingen zu Basel-Stadt» vom Kanton 45 000 Franken zur freien Verfügung. Die Idee eines Gemeindehauses mit Wohnungen und einem Polizeiposten kam auf. 1965 legte der Gemeinderat ein Raumprogramm und einen Kostenvoranschlag für das Gebäude vor. Bereits am 14. Juni 1966 genehmigte die Gemeindeversammlung die Vorlage für das Bauprojekt einstimmig und am 27. März 1969 konnte das neue Gemeindehaus bezogen werden.

Im Gemeindehaus ist nicht nur Platz für die Verwaltung und die politischen Behörden. Im Sitzungszimmer kann seit einer Vereinbarung vom 7. Juli 1970 mit dem Zivilstandsamt Basel-Stadt auch zivil geheiratet werden. Der grosszügige Raum wird auch für andere wichtige Anlässe verwendet. So fand der erste Fernsehempfang über die Gemeinschafts-Antennenanlage hier statt. Mit dem Beschluss der Gemeindeversammlung vom 1. Dezember 1981, einen Kleincomputer der Marke Hermes anzuschaffen, machte die Gemeinde einen grossen Schritt in die Moderne. Bereits 1987 leistete sich die Verwaltung dann eine EDV-Anlage, die damals 120 000 Franken kostete.

BELEBTES BETTINGEN

Ein belebtes Dorf zu sein, lässt sich die Gemeinde etwas kosten. So werden die beiden wichtigsten sozialen Treffpunkte im Dorfzentrum, das kleine Café Wendelin und der Dorfladen, von der Gemeinde unterstützt. Sie gehören zum Dorfbild und sind Zeichen einer eigenständigen Gemeinde. Die Gäste im Café Wendelin werden von Gemeindeangestellten bedient. Hätte die Gemeinde den Betrieb nicht übernommen, als die letzten Pächter sich zurückzogen, wäre das Café wohl eingegangen. Zunächst wurde der Betrieb von ein paar aktiven Frauen übernommen und zum grossen Teil ehrenamtlich geführt. Mit dem Gesamtarbeitsvertrag des Gastronomiegesetzes musste die Gemeinde die Frauen anstellen. Seither ist es die Aufgabe dieser Gemeindemitarbeiterinnen, das Café möglichst selbsttragend zu führen. Die Gesamtkosten für die Räumlichkeiten trägt die Gemeinde. Das Café Wendelin hat sich zu einem Treffpunkt entwickelt, an dem verschiedene Anlässe stattfinden: Am Dienstag wird ein von der Kirchgemeinde durchgeführter Mittagstisch für ältere Menschen angeboten, am Donnerstag wird gejasst. Zudem ist eine private Nutzung für Apéros oder Vernissagen möglich.

Als der Allgemeine Consumverein seinen Betrieb in Bettingen schloss, konnte die Gemeinde das Gebäude erwerben. Seither vermietet sie den Laden zu besonders günstigen Konditionen. Es ist nicht einfach, die Zentrumsfunktionen aufrechtzuerhalten, die das Dorf davor bewahren, eine reine Schlafsiedlung zu werden. So sind die Diskussionen um die Erhaltung der Poststelle in Bettingen ebenso wiederkehrend wie diejenigen über den Einsatz für den wenig rentablen Dorfladen. Das 1972 in die Zivilschutzanlage des Gemeindehauses verlegte Feuerwehrmagazin existiert seit der Zusammenlegung der Feuerwehren von Bettingen und Riehen im Jahr 2004 nicht mehr. Noch zwei Jahre zuvor feierte die Bettinger Feuerwehr ihr Fünfzig-Jahre-Jubiläum und führte ihr eigenes Tanklöschfahrzeug vor.[40] Der Polizeiposten Bettingen hingegen hat bis heute seinen unbestrittenen Platz im Dorfzentrum.

Der Gemeinderat 2010 im Inneren der historischen Baslerhofscheune (von links):
Marco Fini, Thomas U. Müller, Willi Bertschmann, Olivier Battaglia, Patrick Götsch

1   Arendt 1994, S. 52.
2   Hämpfeli, Sebastian: «Vor feufezwänzg Johre», zit. nach:
    Iselin 1963, S. 102.
3   Schweizer Lexikon 91, Bd. 2, Luzern 1992, S. 852.
4   Europäische Charta der kommunalen Selbstverwaltung,
    Strassburg 18.10.1985, amtliche Übersetzung Deutsch-
    lands, URL: http://conventions.coe.int/Treaty/ger/Treaties/
    Html/122.htm, Zugriff: 08.02.2010.
5   URL: http://de.wikipedia.org/wikiEinwohnergemeinde#Gr.
    C3.B6ssenklassen, Zugriff: 01.03.2010.
6   Verkehrsvereine Riehen und Bettingen 1984, S. 3.
7   Kreis 2000, S. 278, und StABS: Kantonsblatt Basel-Stadt, Jg.
    172, Nr. 47, 10.12.1969, Ds BS 2, S. 316.
8   Vgl. Gemeindeverwaltung Bettingen: Eine Standortbestim-
    mung und ein Ausblick, vorgelegt durch den Gemeinderat
    Bettingen, 1997.
9   Schuppli 2007, S. 98f., und Regierungsrat des Kantons Basel-
    Stadt: Bericht betreffend die Neuordnung des Verhältnisses
    zwischen Kanton und Einwohnergemeinden, 20.12.2006,
    URL: http://www.steuerverwaltung.bs.ch/03.1664.01-ber.pdf,
    Zugriff: 28.10.2009.
10 Gespräch mit Willi Bertschmann-Unholz, 11.02.2010.
11 Iselin 1963, S. 29.
12 Ebd., S. 30.
13 Übereinkunft zwischen der Stadt Basel und den Truchsess
    von Wolhusen wegen des Kaufs des Dorfes Bettingen, 17.
    Februar 1513, vgl. Faksimile-Abdruck in: Iselin 1963, Beilage.
14 Ebenda, S. 41.
15 Ebd., S. 60.
16 Vögelin 1972, S. 319–326.

17 Leuenberger 2001, S. 172–177.
18 Iselin 1963, S. 61.
19 Sammlung Michael Raith, Ordner 1, GP/GR 3, 18.10.1800.
20 Sammlung Michael Raith, Ordner 1, GP/GR 4, 20.11.1800.
21 Sammlung Michael Raith, Ordner 1, GP/GR 6, 30.12.1827.
22 Grolimund 1983, S. 17f.
23 Sammlung Michael Raith, Ordner 1, GP/GR 14, Gemeinderat
    Bettingen an das Departement des Innern, 12.11.1902.
24 Sammlung Michael Raith: Ordner 1, Abschrift der Gemeinde-
    rechnung von 1879.
25 Iselin 1963, S. 90.
26 Ebd., S. 77.
27 Grolimund 1983, S. 85.
28 Iselin 1963, S. 75.
29 Ebd., S. 80f.
30 Gemeindeverwaltung Bettingen: Eine Standortbestimmung
    und ein Ausblick. Vorgelegt durch den Gemeinderat Bettin-
    gen, Gemeindeverwaltung Bettingen 1997, S. 6f.
31 Basler Zeitung, 03.12.2009.
32 Gemeindeverwaltung Bettingen, Gemeindeordnung, BeE
    111.100, § 6.
33 Sammlung Michael Raith, Ordner 1, Beschlüsse der Gemein-
    deversammlung vom 11.12.1973.
34 Gespräch mit Willi Bertschmann-Unholz, 10.02.2010.
35 Müller 1979, S. 79.
36 Kaufmann, Gerhard: Riehen 2007, URL: http://evp-bs.ch/
    uploads/media/geschichte_evp-bs.pdf, Zugriff: 20.08.2010.
37 Gespräch mit Willi Bertschmann-Unholz, 10.02.2010.
38 Gespräch mit Willi Bertschmann-Unholz, 11.02.2010.
39 Iselin 1963, S. 98.
40 Riehener Zeitung, 16.08.2002.

Bis in die 1970er-Jahre durfte die Strasse zwischen St. Chrischona und Bettingen als Schlittelstrecke benutzt werden. Der stetig zunehmende Verkehr führte schliesslich zu einem Schlittelverbot.

ERSCHLIESSUNG UND MODERNISIERUNG

Seit den 1860er-Jahren ist Bettingen über eine befestigte Strasse mit Riehen verbunden, 1870 wurde diese bis auf die Chrischona verlängert. Erst nach der Teerung der Strasse in den 1920er-Jahren konnte eine Busverbindung von Riehen nach Bettingen installiert werden. In der Nachkriegszeit nahm der motorisierte Privatverkehr stark zu. Der Ausbau einer modernen Infrastruktur erstreckte sich über das ganze 20. Jahrhundert. Sie begann 1911 mit dem Anschluss Bettingens ans städtische Wassernetz, gefolgt von der Versorgung mit Gas und Elektrizität. Die Kanalisation liess bis in die 1950er-Jahre auf sich warten. Vor dem Zweiten Weltkrieg gab es noch kaum private Telefonanschlüsse. Mit dem Bau des Fernmeldeturms 1963 hielt modernste Technik auf der Chrischona Einzug.

STRASSEN UND WEGE

Bevor 1926 erste Abschnitte der Strasse nach Riehen geteert wurden, war Bettingen durch ein loses Netz staubiger Strassen und Feldwege mit seinen Nachbargemeinden verbunden. Aufgrund des alten Wegnetzes folgerte Chronist Ludwig Emil Iselin, dass das Dorf eher nach Grenzach und zur Chrischona hin ausgerichtet war als nach Riehen oder Basel. Der Weg in die Stadt war lang und beschwerlich, die Strassen befanden sich oft in sehr schlechtem Zustand. Fast alle gingen zu Fuss, nur selten fuhr eine Kutsche mit begüterten Passagieren von Basel oder einem Riehener Landgut auf die Chrischona. Seit dem 18. Jahrhundert nahm die Zahl der Einwohnerinnen und Einwohner zu, die täglich einen Arbeitsweg zu einer Fabrik in Grenzach oder Basel zurücklegen mussten.

Beschwerlich war auch die letzte Reise der Bettinger – zumindest war sie es für die Hinterbliebenen. Bevor die Gemeinde 1828 gemeinsam mit Riehen einen Gottesacker an der Mohrhalde anlegte, mussten die Särge auf dem steil ansteigenden Totenweg über die «Risi» zum Friedhof der Kirche St. Chrischona getragen werden.

«ETWAS NAMHAFTES FÜR DIE BERGGEMEINDE»

Von grosser Bedeutung für Bettingens Anbindung an Riehen und Basel war die Korrektur des damaligen Bettingerwegs in den 1860er-Jahren, der von der Wenkengasse in Riehen bis zum Chrischonaweg reichte. Nachdem für einen Ausbau der Strassen nach Riehen und Kleinhüningen grosse Summen investiert worden waren, sei es an der Zeit, für die Berggemeinde auch einmal etwas Namhaftes zu tun, schrieb das Basler Baucollegium in seinem Antrag an den Kleinen Rat.[1]

Über den Verlauf der Strasse war man sich zunächst uneinig. Nach Einsprachen aus Bettingen überarbeitete Kantonsingenieur Amadeus Merian seine Pläne und schlug ein weniger steiles Trassee vor, das zudem bessere Möglichkeiten für Neubauten beidseits der Strasse bot. Die neue Kantonsstrasse wich im Dorfkern vom alten Trassee ab und führte links durch ehemalige Baumgärten zur nördlichen Talsohle, bis sie oberhalb des Dorfes in den damaligen Chrischonaweg mündete, den heutigen Chrischonarain. Das für den Ausbau der Strasse benötigte Land stellten Riehen und Bettingen unentgeltlich zur Verfügung. Für die Baukosten und den Unterhalt kam der Kanton auf. 1870 wurde die Strasse bis auf die Chrischona verlängert, Bettingen trat das nötige Land ab, der Kanton trug ein Drittel der Kosten.[2] Die Reinigung der Kantonsstrasse bedeutete für einige Bettinger bis weit ins 20. Jahrhundert eine Verdienstmöglichkeit, so etwa für Fritz Frei-Weis. Seine Tochter Anna Tanner-Frei half ihm jeweils am Samstag, den Wegmacherkarren die Strasse entlang zu schieben. Deshalb wollte sie immer an einem Montag heiraten: «Weil die Strasse dann noch so schön sauber ist.»[3]

2009 übernahmen Riehen und Bettingen die Reinigung und Schneeräumung aller Strassen auf ihrem Gebiet, was zuvor teilweise Aufgabe des Kantons gewesen war. Die Reinigung und Schneeräumung auf der Hauptstrasse bis auf die Chrischona wird seither im Auftrag Bettingens von den Werkdiensten Riehen erledigt. Für die Reinigung und die Schneeräumung auf den Nebenstrassen ist der Bettinger Aussendienst verantwortlich.

NEUE NUMMERN FÜR ALTE HÄUSER

Bis 1956 waren die Häuser nicht nach ihrer Lage an der Strasse nummeriert, sondern in der Reihenfolge, in der sie erstellt wurden. Benachbarte Nummern lagen oft weit voneinander entfernt. 1956 führte das Baudepartement eine Nummerierung nach Strassenzügen für die damals rund 125 Häuser ein und erleichterte damit vor allem Ortsfremden die Orientierung.

Im gleichen Zeitraum wurden mehrere Strassen neu benannt. Beispielsweise hiess die Bettingerstrasse, die diesen Namen zuvor von der Einmündung in die Äussere Baselstrasse bis auf die Chrischona getragen hatte, nur noch auf Riehener Gebiet so und wurde auf Bettinger Seite in Hauptstrasse und Chrischonarain umbenannt. Der zeitweilig verschwundene Mennweg, eine Verbindung der Hauptstrasse mit der Baiergasse, wurde wieder eingeführt.[4]

Bei der Beschriftung der neuen Strassen und Wege entschied man sich nicht für die üblichen blau-weiss-emaillierten Schilder, sondern für braune, massiv gegossene. Diese würden dem ländlichen Charakter besser entsprechen und seien weniger empfindlich auf Schläge und Stösse, war dazu in der «Riehener Zeitung» zu lesen.[5]

EIN BUS INS «STÄDTISCHE ENGADIN»

«Die Zeiten ändern sich und auch die Bettinger halten in ihrem abgelegenen Bergdorf mit den technischen Errungenschaften des 20. Jahrhunderts getreulich Schritt», schrieb die «Neue Basler Zeitung» am 26. Mai 1930. Zwei Tage zuvor waren erstmals zwei grüne Busse der neu eröffneten Linie nach Bettingen gefahren. Die Fahrt von Basel nach Bettingen kostete vierzig Rappen. Die Einrichtung der Buslinie war 1925 vom Bettinger Grossrat Fritz Bertschmann gefordert und vier Jahre später vom Parlament bewilligt worden. Ein zuvor gestarteter Versuch eines privaten Busunternehmers war an den Vorbehalten der Regierung gescheitert.

Riehen hatte 1908 eine Tramverbindung erhalten – im Vergleich mit anderen stadtnahen Gemeinden relativ spät. Die Bevölkerung von Bettingen, die weitere zweiundzwanzig Jahre auf eine Busverbindung hatte warten müssen, begrüsste die ersten grünen Busse deshalb besonders freudig. «Wo immer die beiden grünen Autobusse auftauchten, eilten die Leute an die Fenster und steckten die Köpfe zusammen, was heutzutage nur noch dem Zeppelin passiert.»[6] Die vereinigten Gesangssektionen der Bettinger Turner und Schützen sowie der Musikverein Riehen gaben ein Ständchen. Gemeindepräsident Emil Schlup-Schultheiss bezeichnete die Eröffnung der Buslinie als Wendepunkt in der Geschichte des Dorfes. Gemeindeschreiber Julius Ammann-Zisch hoffte, die Busverbindung sorge für Neuzuzüger und einen Aufschwung des Reiseverkehrs ins «baselstädtische Engadin».[7]

Ähnliche Hoffnungen äusserte der Basler Regierungsrat Rudolf Niederhauser: Eine lockere Besiedelung des ländlichen Gebiets ermögliche der Stadt Wachstum ohne «die sittlichen und gesundheitlichen Gefahren», die das Leben in der Grossstadt mit sich bringe. Die Buslinie nehme Bettingen zwar einen Teil seiner Unberührtheit, helfe aber auch beim Absatz landwirtschaftlicher Produkte und erleichtere den Schulbesuch.[8]

Der Bus verkehrte anfangs auf der Route Claraplatz–Mustermesse–Eglisee–Martinsrain–Wenkenhof–Bettingen. Bald verkehrte er nur noch in den Hauptverkehrszeiten ab Claraplatz, ansonsten ab der Tramhaltestelle Burgstrasse. 1937 wurde der Anfangspunkt an die Bettingerstrasse verlegt.

Die anfangs eingesetzten Saurer-Busse hatten aufgrund ihres Gewichts etwas Mühe, nach Bettingen hochzukommen. In den Kriegsjahren (Bild von 1941) wurden sie mit einem Holzvergaser betrieben.

Da die Buslinie nach Bettingen keine hohen Fahrgastzahlen aufwies, blieb der Fahrplan bis in die 1960er-Jahre sehr dünn. Busse fuhren vor allem frühmorgens und gegen Abend. Wer in Riehen oder Basel arbeitete, legte den Heimweg bis nach dem Zweiten Weltkrieg meist zu Fuss oder mit dem Velo zurück.[9]

In den 1980er-Jahren wurde der Fahrplan tagsüber verdichtet, abends verkehren seit 1985 Ruftaxis, welche die Fahrgäste bis vor die Haustüre bringen. Das zunächst auf zwei Jahre angelegte Pilotprojekt, das weit über die Region hinaus für Aufmerksamkeit sorgte, wurde inzwischen auch in anderen Gemeinden eingeführt.

Die wiederholt gewünschte Verlängerung der Buslinie bis auf die Chrischona stiess bei den Basler Verkehrsbetrieben auf wenig Gehör, da eine Erhöhung des Betriebsdefizits zu erwarten war. Auch der Gemeinderat sprach sich noch 1980 gegen eine Verlängerung der Buslinie bis zum Zollhaus aus. Grund war die Opposition von Anwohnerinnen und Anwohnern der Baiergasse. Erst 1985 gelang die Verlängerung der Linie 32 bis auf die Chrischona. Vorreiterin war eine Kleinbusverbindung der Taxizentrale ab 1980, die jedoch nicht dem Tarifverbund angehörte. An der Deckung des Betriebsdefizits beteiligt sich Bettingen seither mit namhaften Beträgen.

PARKPLÄTZE UND STRASSENVERBREITERUNGEN

Wie andernorts nahm der motorisierte Privatverkehr auch in Bettingen in der Nachkriegszeit rasant zu. Parkplätze mussten gebaut, Strassen verbreitert und Massnahmen zum Schutz der Fussgänger durchgesetzt werden. Erste Klagen über Autos, die zu schnell durchs Dorf rasten, gab es bereits 1919. Die Anstellung eines Verkehrspolizisten wurde erwogen und der Wunsch nach Verbotstafeln geäussert. Als die Automobilsektion Basel des Schweizerischen Touring-Clubs 1921 erstmals ein Autorennen von Basel auf die Chrischona veranstalten wollte, hagelte es zunächst Proteste. Dennoch wurde das Rennen an der Einwohnergemeindeversammlung vom 4. März 1923 bewilligt und fand in der Folge mehrmals statt. Bedingung war, dass der Veranstalter einen Beitrag von dreihundert Franken an die Armenkasse entrichtete und weitere dreihundert Franken als Depot für allfällige Flur- und Sachschäden hinterlegte.[10]

In den 1940er-Jahren herrschte bereits Parkplatznot in Bettingen. Der Wirt des Restaurants Brohus, das bei Autofahrern als beliebtes Ausflugsziel galt, verlangte einen Parkplatz. 1950 baute die Gemeinde einen Parkplatz am Silberberg, 1953 legte sie gemeinsam mit der Pilgermission einen Parkplatz auf der Chrischona an, 1960 wurde ein weiterer Parkplatz oberhalb des Schwimmbads gebaut.[11]

Um die Sicherheit der Fussgänger zu erhöhen, wurden zu Beginn des 21. Jahrhunderts verschiedene Tempolimiten eingeführt. Seit 2007 gilt auf der Hauptstrasse Tempo 40, ansonsten Tempo 30, in einem Abschnitt der Oberdorfstrasse Tempo 20. Neben Hinweistafeln verleihen Schwellen am Boden den Forderungen nach Geschwindigkeitsbegrenzung Nachdruck. Die neuen Limiten werden gut akzeptiert, so lag die Durchschnittsgeschwindigkeit auf der Hauptstrasse bei Stichproben im Jahr 2007 bei sechsunddreissig Stundenkilometern.[12]

EINE BAHN AUF DIE CHRISCHONAKULM

Wären die Pläne des 1890 gegründeten Initiativcomitées Chrischonabahn umgesetzt worden, könnten wir heute in einer elektrischen Schmalspurbahn vom Hörnli direkt auf die Chrischona fahren. Nachdem 1872 die erste Zahnradbahn der Schweiz von Vitznau auf die Rigi ihren Betrieb aufgenommen hatte, begannen verschiedene Städte, die nahe gelegenen Hügel und Berge mit Bahnen zu erschliessen. Die Konzession für die Chrischonabahn wurde 1897 vom Bund erteilt. Vorgesehen war zwischen Hörnli und Riehen ein viertelstündlicher, zwischen Riehen und Chrischona ein halbstündlicher Betrieb. Der Initiant der Chrischonabahn, ein Basler Ingenieur namens Wilhelm Hetzel-Zürcher, träumte von über hunderttausend Fahrgästen, die mit seiner Bahn jedes Jahr auf die Chrischona fahren würden. Ein dreissig Meter hoher Aussichtsturm mit Aufzug sollte zusätzliche Gäste anlocken und die Rendite erhöhen, Musikkapellen würden die schöne Aussicht untermalen – so Hetzels Traum. Als Nachteil für ein vorgesehenes Hotel erwiesen sich indessen die knappen Wasserreserven auf der Chrischona.

Bei der Werbung für sein Projekt bei Behörden und privaten Investoren betonte der Ingenieur die Bedeutung der Bahn als Wegbereiterin der Elektrizitätsversorgung: Riehen komme damit leichter zu einer elektrischen Beleuchtung und die Pilgermission könne mit einer der Bahnlinie entlang verlegten Leitung mit Elektrizität versorgt werden. Unermüdlich pries Hetzel den Erholungswert der Chrischona als «Jungbrunnen für die durch die Hast und den Lärm des Grossstadttreibens gepeitschten Nerven» und als «unerschöpfliches Schatzkästchen für alle Freunde der Natur». Trotz grossem Werbeaufwand erwies es sich als unmöglich, das notwendige Kapital zu beschaffen. Hetzel liess sich von Rückschlägen nicht entmutigen und heckte immer neue Varianten der Finanzierung aus. Erst die Eröffnung der Autobuslinie Riehen–Bettingen im Jahr 1930 liess ihn die Idee der Chrischonabahn endgültig in der Schublade verstauen.[13]

WASSERVERSORGUNG UND KANALISATION

Mit seinem karstigen Untergrund weist der Gemeindebann nur wenig natürliche Quellen und Wasserläufe auf. Dies führte immer wieder zu Engpässen für die Landwirtschaft und die Trinkwasserversorgung. Eine Verbesserung brachte der Anschluss an das Leitungsnetz des städtischen Wasserwerks im Winter 1910/11. Im Winter zuvor hatte die Bevölkerung unter enormer Wasserknappheit gelitten.

KOSTBARES NASS

Bis ins 19. Jahrhundert lag unterhalb des alten Dorfkerns, wo sich heute das Gartenbad befindet, ein Weiher, der als Wasserreservoir diente. Nachdem die Taubstummenanstalt 1868 auf eigene Faust nach Wasser gegraben hatte, floss die Weiherquelle nur noch spärlich. Um Abhilfe zu schaffen, kaufte die Gemeinde eine private Parzelle mit einem Sodbrunnen und legte 1892 einen weiteren Brunnen an. Am 25. März 1911 floss in Bettinger Haushalten erstmals Wasser aus dem Hahnen. An der «Riese» neben der Hauptstrasse hatte das städtische Wasserwerk ein Reservoir mit zwei Kammern zu je hundert Kubikmetern erstellen lassen.[14]

Zuvor wurde der grösste Teil des Brauch- und Trinkwassers aus der Gemeindequelle gewonnen, die am oberen Ende des Dorfes nördlich der Strasse entspringt und bereits in der Kaufurkunde von 1513 erwähnt ist. Sie liegt aber so tief, dass das Wasser nur den beiden unteren Brunnen frei zufloss, während es den höher gelegenen Häusern mit einem Pumpbrunnen zugeführt werden musste.[15] Im letzten Drittel des 19. Jahrhunderts hatte es mehrere Versuche gegeben, die Wasserversorgung zu verbessern. 1898 war die Dorfquelle mit kantonaler Hilfe saniert worden.[16] Dennoch lieferte sie nur unregelmässig Wasser. Im Jahr 1908 flossen nur noch 4,5 Liter Wasser pro Minute aus dem Brunnen. Vierhundert Personen wohnten damals im Dorf, verteilt auf achtundvierzig Häuser.

Nach dem Anschluss ans städtische Leitungsnetz stellte die Versorgung der am Wenkenberg gelegenen Häuser das nächste Problem dar. Hier waren innerhalb weniger Jahre so viele Neubauten entstanden, dass der Druck des Leitungsnetzes kaum dafür ausreichte. 1916 wurde deshalb beim Wenkenhof ein weiteres Wasserreservoir gebaut. Zu den Aufgaben des Wasserwärters, der mit seiner Familie unmittelbar daneben wohnte, gehörte die Bedienung der Pumpe, mit deren Hilfe das Grundwasser aus der Wiese-Ebene hinaufbefördert wurde. Das kostbare Nass gelangt über mehrere Stationen von Riehen bis auf die Chrischona. Bevor der Betrieb automatisiert wurde, bedeutete dies für den Wasserwärter lange Wegstrecken zu Fuss.[17]

Die Pilgermission deckte ihren Wasserverbrauch bis Anfang des 20. Jahrhunderts aus einer Quelle im Chrischonatal, die nicht sehr ergiebig war. Nachdem 1922 eine Scheune der Pilgermission abgebrannt war, weil kein Löschwasser zur Verfügung stand, wurde im Turm der Chrischonakirche ein Wasserreservoir installiert.[18] Mit dem Bau des neuen Fernmeldeturms von 1980 bis 1983 wurde das Wasserreservoir dorthin verlegt. Es befindet sich auf hundertdrei Metern Höhe und enthält zwei Kammern von je hundert Kubikmetern.

Tränkebrunnen an der Oberen Dorfstrasse, erste Hälfte 20. Jahrhundert

ENTSORGUNG DER ABWÄSSER

Grundsätzlich bedingt eine moderne Wasserversorgung eine entsprechende Entsorgung der Abwässer. Diese Entwicklung verlief in der Region Basel sehr unkoordiniert. Die Wasserversorgung war hier zunächst auf privater Basis organisiert. Anders als etwa in Zürich wurden öffentliche Wasserversorgung und -entsorgung nicht gleichzeitig vorangetrieben. Dass es auch in Bettingen mit der Einführung der Kanalisation so lange dauerte, ist typisch für eine ländliche Gemeinde. Einerseits scheute man die Kosten, andererseits weigerte sich die Bevölkerung, ihre Fäkalien der kommunalen Verwaltung abzutreten, weil sie diese selber als Dünger brauchen oder verkaufen konnten.[19] Auch im benachbarten Riehen war die Einführung der Kanalisation auf Widerstand gestossen und hatte sich erst 1912 mit einer kantonalen Regelung durchsetzen lassen.[20]

In Bettingen wurde schliesslich der Neubau des Pflege- und Schwesternheims auf St. Chrischona im Jahr 1950 zum Anlass, sich ernsthaft mit der Kanalisation zu befassen. Die Gemeindefinanzen hatten sich in der Zwischenzeit merklich verbessert, was dem Kanalisationsreglement zum Durchbruch verhalf. An der Gemeindeversammlung vom 18. August 1955 wurde es einstimmig angenommen, die Kosten übernahm die Gemeinde zu zwei Dritteln, die übrige Summe bezahlte der Kanton.[21] Die Pilgermission St. Chrischona wurde erst 1964 an die Kanalisation angeschlossen, nachdem ihre Abwässer die Quellen oberhalb von Inzlingen verunreinigt hatten. Gleichzeitig wurde eine Abwasserleitung vom Parkplatz auf Chrischona bis zum Zollhaus verlegt.

VON MISTHAUFEN UND MUTPROBEN

Viele Bettingerinnen und Bettinger, die vor 1950 zur Welt kamen, erinnern sich bis heute an den starken Geruch der Jauchegruben, die sich hinter vielen Häusern befanden. Die Abwässer aus Haushalt und Landwirtschaft gelangten ungefiltert in den Bettingerbach und nicht selten auch in die Quellgebiete, aus denen sich die Brunnen speisten. Wiederholte Hygienekontrollen erregten ab 1880 Besorgnis bei den städtischen Behörden. Nach eingehenden chemischen und bakteriologischen Untersuchungen erwies sich das Wasser als verunreinigt. Im Winter 1897/98 wurde die Dorfquelle neu gefasst. 1950 wurden sämtliche Brunnen an die Leitungen des Wasserwerks angeschlossen. Erst danach galt das Wasser offiziell als trinkbar. Nach Einschätzung des damaligen

Lindenplatz um 1920. Gut zu erkennen ist die Gaslaterne auf dem Brunnenstock.

1921 wurde ein neuer Brunnen auf dem Lindenplatz eingeweiht, den sich Bettingen anlässlich der vierhundertjährigen Zugehörigkeit zu Basel von der Stadt gewünscht hatte.

Wasserwärters Jakob Manger-Schmidt war dies indessen eine übertriebene Massnahme. Gemäss seiner Erinnerung hätten früher alle vom Brunnenwasser getrunken und nie sei jemand deswegen krank geworden. Nur den Gästen aus der Stadt, die nicht daran gewöhnt waren, sei das Wasser hin und wieder schlecht bekommen.

Bis Anfang des 20. Jahrhunderts floss der Bettingerbach, wenn er denn Wasser führte, offen durchs Dorf. Bei heftigen Regenfällen überschwemmte er Häuser und Keller. Deshalb wurde er 1920 in einen unterirdischen Kanal verlegt. Wenn der Bach kein Wasser führte, war es für die Bettinger Kinder in den 1950er-Jahren eine beliebte Mutprobe, durch die Röhre zu kriechen.[22]

Heute befinden sich sechs Brunnen im Gemeindebann. Der Brunnen auf dem Lindenplatz bekam 1921 mit der Figur des Wendelin eine neue künstlerische Ausgestaltung. Anlässlich der vierhundertjährigen Zugehörigkeit zu Basel hatte sich Bettingen von der Stadt dieses Geschenk gewünscht. Basel lancierte einen Wettbewerb, den der Architekt Walter Suter und der Bildhauer Carl Zäslin mit ihrem Projekt gewannen.

Am Montagmorgen, Punkt sieben Uhr, startet Wolfgang Leiser jeweils zur «grossen Tour». Über fünfzig Abfalleimer befinden sich im ganzen Gemeindebann, einmal pro Woche werden alle geleert. Vor allem nach Wochenenden mit schönem Wetter, die Hunderte von Spaziergängern und Velofahrerinnen auf die Chrischona locken, sind viele Kübel zum Bersten voll. «Dann heisst es schnell sein», erklärt Wolfgang Leiser, «bevor die Füchse oder Krähen alles durcheinander bringen.» Die erste Station auf der Entsorgungstour ist die PET-Sammelstelle beim Parkplatz neben dem Gartenbad. Vor zehn Jahren begann man mit zwei Containern, inzwischen sind es vier, und bald muss ein fünfter aufgestellt werden. Während bei abgelegenen Abfalleimern im Wald die wöchentliche Leerung genügt, drängt sie sich bei der PET-Sammlung fast täglich auf. Einmal pro Woche holt ein Transporter die gesammelten PET-Flaschen in Bettingen ab. Für die Zwischenlagerung dient ein ehemaliger Steinbruch. Dort befinden sich auch Mulden für Altmetall, Strassenkies, eine Pressmulde für Schwarzkehricht und zwei Silos für die Winterdienste mit Kies und Salz.

Zwar ist Wolfgang Leiser im Wald auch schon auf einen Schrank gestossen. Bei der Altglasmulde fand er einst einen Kühlschrank und eine Mikrowelle. Auf dem Grillplatz auf der

WOLFGANG LEISER

Chrischona hinterlassen Ausflügler hin und wieder unschöne Spuren. Dennoch halte sich das Littering-Problem einigermassen in Grenzen. Grund dafür ist wohl, dass in Bettingen viele genau hinschauen. Als Wolfgang Leiser an einer Stelle am Waldrand regelmässig leere Bierflaschen fand, ging er der Sache auf den Grund und stellte den Abfallsünder eines Abends zur Rede. Ein paar Freunde von den Feldschützen begleiteten ihn. «Seither ist Ruhe», stellt er befriedigt fest.

Die Arbeit für die vier Angestellten des Bettinger Aussendienstes ist vielseitig. Ob sie mit dem Besen oder mit dem Laubbläser Strassen reinigen, die Grünanlagen pflegen, Nistkasten putzen oder Wege unterhalten – der Kontakt mit der Bevölkerung ist ihnen sicher. «Wenn jemand etwas auszusetzen hat, erfahren wir das sofort», erklärt Wolfgang Leiser. Aber auch Lob und Begeisterung kommen direkt bei ihnen an. So die Freude vieler Spaziergänger über die kleinen Wege entlang der Banngrenze, die sie wieder instand gestellt und mit neuen Schwellen versehen haben. Auch die Trockensteinmauer, die Wolfgang Leiser hinter dem Schulhaus gebaut hat, oder der «Kräuterschnegg», eine spiralförmige Kalksteinmauer mit Kräuterbeet an der Brohegasse, ziehen die Blicke von aufmerksamen Passantinnen auf sich.

Mauern sind es auch, die Wolfgang Leiser nach Bettingen geführt haben. Der gelernte Maurer bekam vor zwanzig Jahren den Auftrag, ein altes Ökonomiegebäude zum Wohnhaus umzubauen. Als das Haus fertig war und er erfuhr, dass die Gemeinde einen Mitarbeiter für den Aussendienst suchte, bewarb er sich. Und wer ihn von seiner vielseitigen Arbeit und den guten Kontakten im Verein der Feldschützen erzählen hört, kann sich gut vorstellen, dass er noch ein paar Jahre bleibt.

ABFALL UND ENERGIE

ABFALL

Wohin mit dem Abfall? Diese Frage wurde in Bettingen vor dem 20. Jahrhundert nicht aktenkundig. Überflüssiges wurde im Küchenofen verbrannt oder landete auf dem Miststock, Gebrauchsgegenstände hatten eine viel längere Lebensdauer als heute. 1916 schlug der Verkehrsverein erstmals vor, Abfälle regelmässig zu beseitigen. Nachdem sich verschiedene Einwohner «aus sanitarischen Gründen» beschwert hatten, kam man in der Gemeindeversammlung vom 4. Dezember 1922 wieder auf das Abfallproblem zu sprechen. Fortan sollte der Kehricht in einer gut gedeckten Grube entsorgt werden. 1923 schloss die Gemeinde einen Vertrag mit Fritz Basler-Mory ab, der hinter seiner Scheune eine Grube ausgehoben und der Gemeinde angeboten hatte.[23]

Ferner sammelten verschiedene Bettinger Bauern mit Pferden und Schnappkarren die Abfälle ein und deponierten sie im Humpoltsgraben. Diese Deponie wurde erst 1961 auf Beschluss der Gemeindeversammlung zugedeckt.[24] Die Abfallmenge stieg jedoch weiter an. Am 26. April 1939 erklärte sich das Friedhofsamt bereit, eine Abfallgrube auf dem Friedhof anzulegen. Was heute Umweltbewusstsein genannt wird, findet sich bereits 1945 in der Klage von Gemeinderat Werner Spaar-Mellinger: Er rügte, dass «trotz der Müllabfuhr immer noch Büchsen einfach in das erstbeste Wäldchen geworfen werden», und schlug vor, eine Verbotstafel aufzustellen.[25]

Mit dem steigenden Konsum in der Nachkriegszeit wuchsen auch die Abfallberge. Kritische Debatten über die Grenzen des Wachstums führten in den 1970er-Jahren zu einer neuen Wahrnehmung. Abfall wird seither vermehrt als eine Anhäufung von Rohstoffen gesehen, die nur beschränkt zur Verfügung stehen und deshalb nach Möglichkeit separiert und wieder nutzbar gemacht werden sollen. Seither lässt sich auch in Bettingen ein verändertes Abfallbewusstsein feststellen.

Ab 1962 wurde der Abfall in die Kehrichtverbrennungsanlage (KVA) nach Basel gebracht, mit einem Fahrzeug des Baudepartements, das von zwei Gemeindearbeitern beladen und begleitet wurde. Die Kosten wurden hälftig geteilt.[26] 1987 konnte Bettingen die Kehrichtabfuhr der Gemeinde Riehen übergeben: Ein Akt von symbolischer Bedeutung, über den die «Riehener Zeitung» am 6. März 1987 ausführlich berichtete. Die zuständigen Politiker zeigten sich stolz auf den neu geschaffenen «Kehrichtverbund» und über die Fähigkeit der Landgemeinden, gemeinsam Aufgaben von der Stadt oder vom Kanton zu übernehmen. 1988 schloss Bettingen mit Riehen einen Vertrag ab über die Mitbenützung der Kompostierungsanlage Maienbühl. Fünf Jahre später wurde beim Parkplatz neben dem Schwimmbad ein Kompostierplatz für Küchenabfälle angelegt.

Im Jahr 2009 trat in Riehen und Bettingen ein neues Abfallkonzept in Kraft mit dem Ziel, die Menge an Schwarzkehricht zu reduzieren, welche in die KVA gebracht werden muss. Die gebührenpflichtigen Abfallsäcke werden nur noch einmal pro Woche gesammelt, daneben gibt es eine gebührenfreie wöchentliche Abfuhr für Küchen- und Gartenabfälle, die der Biovergärungsanlage in Pratteln zugeführt werden. In dieser seit 2005 betriebenen Anlage wird durch natürliche Vergärungsprozesse Biogas gewonnen, das als Energiequelle genutzt werden kann. Riehen und Bettingen lieferten als erste Gemeinden ihre Grün- und Küchenabfälle nach Pratteln.[27]

Sammelstelle für PET und
Altglas beim Schwimmbad

STROM UND GAS

Vor hundert Jahren brannte in Bettingen noch kein elektrisches Licht. Nach Sonnenuntergang sorgten Petrollampen und Kerzen für spärliche Beleuchtung. Während private Haushalte in Riehen bereits 1901 Elektrizität beziehen konnten, mussten sich die Bettinger Abonnentinnen und Abonnenten bis 1914 gedulden.

Anlass zum Anschluss Bettingens ans Netz des Basler Elektrizitätswerks war ein entsprechendes Gesuch von Fritz Basler-Mory im Grossen Rat. Die zuständigen Behörden zeigten sich zunächst zurückhaltend, da die zu erwartende Rendite im Vergleich zu den Investitionen als sehr gering eingeschätzt wurde. Dennoch hiess der Grosse Rat am 11. Juni 1913 den Kredit gut. Als Argument wurde vor allem ins Feld geführt, dass die Elektrifizierung des Dorfes die Ansiedelung von Neuzuzügern erleichtere. Zudem könnten auch Bauten auf Riehener Gebiet an die Leitungen angeschlossen werden, was die Rendite auf lange Sicht verbessere. Im gleichen Jahr legte das Elektrizitätswerk den Plan für eine elektrische Strassenbeleuchtung vor: Vierzehn Metallfadenlampen mit automatischer Ein- und Ausschaltung sollten die acht Petrollampen ersetzen, die zuvor jeden Abend von einem Dorfwächter angezündet worden waren. Die Gemeindeversammlung hiess den Vorschlag mit siebzehn zu acht Stimmen gut, sprach sich aber gegen die automatische Schaltung aus.[28]

Bis weit ins 20. Jahrhundert wurde in den Bettinger Haushalten mit Holz geheizt und gekocht. Mit dem überarbeiteten Gemeindegesetz von 1916 verloren die Bürger das Recht, unentgeltlich Holz in den Wäldern der Bürgergemeinde zu sammeln. Dies leistete der Diskussion um die Einrichtung einer Gasleitung Vorschub.[29] Wie bereits das Elektrizitätswerk gab sich auch das Gas- und Wasserwerk (GWW) zunächst zurückhaltend, schien die Zahl der zu erwartenden Abonnenten doch sehr klein. Man rechnete mit 27 Haushalten.[30] Statt eines jährlichen Gemeindebeitrags zur Verzinsung und Amortisation der Anlage schlug das GWW einen höheren Gaspreis als in der Stadt vor. Zudem hoffte man, mit dem Verlegen der Gasleitung die Bautätigkeit anzukurbeln und so mit der Zeit eine höhere Rendite zu erwirtschaften. Ein entsprechender Vertrag zwischen Bettingen und dem GWW trat 1926 in Kraft. Wenig später bemühte sich auch die Pilgermission St. Chrischona um den Anschluss ans Gasnetz. 1926/27 wurden die Gasleitungen verlegt, teilweise im Zusammenhang mit der Korrektion des Bettinger Strassennetzes.

Im April 1994 wurde auf dem Dach des Schulhauses eine fünfzig Quadratmeter grosse Photovoltaik-Anlage eingeweiht. Beim Bau der Anlage halfen die Schülerinnen und Schüler der Primarschule mit. Die Anzeige beim Schulhauseingang zeigt die aktuelle Wechselstromleistung und die produzierte Energie an.

DIE SUCHE NACH ERNEUERBAREN ENERGIEN

Nachdem das Erdöl in den 1950er-Jahren zum wichtigsten Brenn- und Rohstoff der industrialisierten Welt geworden war, führte die Ölkrise 1973 die einseitige Abhängigkeit davon drastisch vor Augen. Die Suche nach erneuerbaren Energien führte in Basel 1977 zu einem Energieleitbild, das sich allerdings auf die Stadt beschränkte. Es sah verschiedene Massnahmen zum Energiesparen vor und empfahl für die Sicherung der Wärmeversorung den Ausbau der Fernheizung. Nach Versorgungsengpässen in den 1960er- und 1970er-Jahren wurde das Fernwärmenetz in der Stadt entscheidend ausgebaut.[31] In Bettingens Nachbargemeinde Riehen schuf man ab 1989 drei mittelgrosse Wärmeverbünde, die im Jahr 2010 zusammengeschlossen wurden. Seit 1994 ist dort eine Geothermieanlage in Betrieb. Im Jahr 2010 konnten dank ihr 1300 Tonnen Erdöl eingespart werden.[32] Da die Entfernung für einen Anschluss an den Riehener Wärmeverbund zu gross ist, zieht Bettingen die Einrichtung eines eigenen Wärmeverbunds in Betracht und gab dazu im Jahr 2010 eine Machbarkeitsstudie in Auftrag.

Für die Förderung der Solarenergie und anderer erneuerbarer Energien setzt sich in Bettingen seit 1992 ein privater Verein ein. Durch Informationen und Mitfinanzierung soll die Bevölkerung zum Bau von Solaranlagen angeregt werden. Nach einer intensiven Planung und viel Freiwilligenarbeit wurde im April 1994 eine fünfzig Quadratmeter grosse Photovoltaik-Anlage auf dem Dach des Schulhauses eingeweiht. Im Jahr 2001 unterstützte der Verein den Bau einer solaren Wassererwärmung auf dem Dach des Gartenbads. 2005 wurde eine Brauchwassererwärmung auf dem Postgebäude in Betrieb genommen. Weitere Projekte im öffentlichen Raum sind in Planung. Die Vision zielt dahin, auf jedem Dach in Bettingen eine Solaranlage zu installieren.[33]

Seit 2008 werden alle gemeindeeigenen Gebäude und die öffentliche Strassenbeleuchtung mit Strom versorgt, der ausschliesslich aus erneuerbaren Energiequellen stammt. Die gemeindeeigenen Liegenschaften werden zudem laufend wärmetechnisch überprüft und nach Möglichkeit saniert mit dem Ziel eines bis zu fünfzig Prozent tieferen Energieverbrauchs.

Auf einen Anzug im Grossen Rat hin wurden 2009 vier mögliche Standorte für eine Windkraftanlage auf Kantonsgebiet geprüft – drei davon in Bettingen. Das Fazit sprach eher gegen ein solches Kraftwerk, da ein rentabler Betrieb zum damaligen Zeitpunkt nicht realistisch schien.[34]

In Bettingen begann 1963 das Fernsehzeitalter für die Region Basel: Der erste Sendeturm, ein ausgedientes Modell, das zuvor dem Landessender «Beromünster» gedient hatte, nahm seinen Betrieb auf und sendete von der Chrischona aus ein Programm des Schweizer Fernsehens.

Als der Gemeinderat 1960 über das Projekt diskutierte, waren die Meinungen geteilt. Man war nicht begeistert, dass dieser «Rosthaufen aus Beromünster» in der Nähe des Dorfes aufgestellt werden sollte. Dennoch war der Gemeinderat bei der Suche nach einem geeigneten Standort behilflich. Nicht zuletzt hoffte man, dank dem Turm endlich einen Telefonkabelanschluss anstelle der längst veralteten Gemeinschaftsanschlüsse zu bekommen. Das Kabel für den Fernsehturm und das Telefon wurde im Winter 1961/62 verlegt.[35]

Zwanzig Jahre später war der Turm definitiv veraltet. Beim Architekturwettbewerb für eine neue Mehrzwecksendeanlage entschied die Jury, im Sinne des Bettinger Gemeinderats auf Publikumsattraktionen wie eine Aussichtsterrasse oder ein Restaurant zu verzichten. Dies widerspreche dem Sinn und Zweck der Erholungslandschaft. Eine Vermischung der technischen Anlage mit Publikumsverkehr bringe ausserdem betriebliche Nachteile.[36] Der 250 Meter hohe Turm, der am 2. August 1984 als damals höchstes Gebäude der Schweiz eingeweiht wurde, ist nur im Rahmen von individuell vereinbarten Führungen zugänglich. Die darin installierten Anlagen sind auf ferngesteuerten, unbemannten Betrieb ausgerichtet.

Wer zu Beginn des 21. Jahrhunderts in Bettingen wohnt oder arbeitet, hat Anschluss an die digitalen Datenströme, die rund um die Uhr um den Globus rasen. Ein Glasfaserkabelnetz, das 2001 gemeinsam mit der Gemeinde Riehen angelegt wurde, ermöglicht schnellste Internetverbindungen und den Empfang zahlreicher Fernseh- und Radioprogramme. Ein Baugesuch für eine Mobilfunkantennenanlage beim Schiessstand lehnte der Gemeinderat 2002 ab mit der Begründung, das Projekt sei technisch und ästhetisch unverhältnismässig und im Hinblick auf die Strahlungswerte bedenklich.

POST UND TELEFON

Seit 1902 kann von Bettingen aus telefoniert werden – rund zwanzig Jahre nachdem in Basel das älteste staatliche Telefonnetz der Schweiz installiert worden war. Der erste Telefonist, Wilhelm Bertschmann, erhielt für seine Aufgabe eine jährliche Entschädigung von fünfzig Franken und stellte der Gemeinde im Gegenzug das Lokal zur Verfügung. Gleichzeitig war er für die Poststelle verantwortlich. Seine Tochter Emma unterstützte ihn dabei und übernahm nach seinem Tod im Jahr 1916 gemeinsam mit ihrem Mann, Wilhelm Häner, die Poststelle, die sich in ihrem Wohnhaus befand. Nach deren Pensionierung hatte die Poststelle verschiedene Standorte, bis sie 1987 in einem eigens erstellten Neubau an der Hauptstrasse untergebracht wurde.

In der Amtszeit des Ehepaars Häner-Bertschmann kamen die Häuser auf St. Chrischona zum Postkreis Bettingen hinzu. Die Auslieferung erledigte Wilhelm Häner zuerst zu Fuss oder mit dem Velo, später mit dem Motorrad.[37] Hedwig Dettwiler-Ammann erinnert sich an den täglichen Gang in die Poststube: «Da war ein Vorraum mit einem Fenster, das auf die Landstrasse ging, und dann ein Schalter, der aber immer offen stand, da konnte man in die Wohnstube von Häners hineinsehen. In der Ecke stand ein Schreibtisch, darauf ein Sekretär, den man mit einem Rollladen schliessen konnte. In der Mitte der Stube ein grosser Tisch. Und ganz hinten sah man durch eine offene Tür in die Küche, wo Frau Häner hantierte. [...] Sie setzte dann die Brille auf, schloss den Schalter, der aber gleich wieder geöffnet wurde. In der Hand hielt sie geheimnisvoll ein Bündel Zeitungen und Briefe und fügte hinzu: ‹So, das ist alles.› Das sagte sie jedes Mal.»[38]

Zu Beginn des 21. Jahrhunderts ist es zwar nicht mehr denkbar, dass sich die Post in einer Wohnstube befindet. Aber die Tage einer selbstständigen Poststelle sind gezählt. Im Zuge der Liberalisierung des schweizerischen Postmarkts ab 1997 wurden alle Standorte auf ihre Rentabilität geprüft und in der Folge rund 1500 Poststellen geschlossen. Gemäss einer im April 2009 veröffentlichten Liste könnte auch Bettingens Poststelle davon betroffen sein. Im Falle einer Schliessung wäre die Einrichtung einer Postagentur, beispielsweise im Dorfladen, eine Alternative, allerdings mit eingeschränktem Angebot.[39]

Fernsehturm auf
St. Chrischona

MEHR ALS EIN FERNSEHTURM

Seit der Eröffnung des neuen Chrischonaturms 1984 hat sich die Kommunikationstechnologie rasant gewandelt. Viele seiner Aufgaben werden inzwischen von Kabelnetzen erfüllt. Nationale Berühmtheiten wie die Fernsehtürme auf dem Jungfraujoch, dem Titlis und dem Säntis stehen zu Beginn des 21. Jahrhunderts vor einer ungewissen Zukunft. Dass der Chrischonaturm laut Angaben der Betreiberfirma Swisscom in den kommenden Jahrzehnten bestehen bleibt, ist deshalb nicht selbstverständlich. Der Grund liegt vor allem darin, dass er weit mehr Funktionen erfüllt als das Senden von Fernseh- und Radiosignalen. Bedeutend bleibt der Turm im Katastrophenfall als Funkzentrale der Blaulicht-Organisationen. Ferner ist er Standort von Messstationen für Wetterbeobachtung und Lufthygiene und beherbergt das höchstgelegene Wasserreservoir des Kantons.[40]

Die auf drei Beinen ruhende Betonkonstruktion ist stabiler, als sie auf den ersten Blick aussieht. Erdbeben bis zu Stärke 8 auf der Richterskala sollte der Turm problemlos standhalten. Die Sendeanlagen wurden erdbebensicher aufgehängt – in einem Raum, der als Schutz vor Blitzschlag mit Stahl ausgekleidet wurde. Das grösste Gewicht des Turms liegt im Boden: 13 500 Tonnen wiegen der dreigeschossige Unterbau und die Fundamente, 9500 Tonnen wiegt der oberirdische Teil. Selbst bei starkem Wind schwankt der Turm nur wenig. So wurde 1999 während des Orkans «Lothar» bei Windgeschwindigkeiten von bis zu 220 Stundenkilometern lediglich eine Schwankung von 40 Zentimetern gemessen. Dies betrifft den Turmschaft mit seiner Länge von 150 Metern. Die Antenne an der Spitze kann bei starkem Wind bis zu 2,5 Meter schwanken. Sie ist in vier Abschnitte unterteilt und dient der Abstrahlung von UKW, Funkdienst und digitalem Fernsehen. Seit 2007 werden vom Chrischonaturm keine analogen Programme mehr ausgestrahlt.

Die ehemalige Poststelle an der Hauptstrasse um 1910. Im Hintergrund ist die berüchtigte enge Bettinger Kurve zu sehen, durch die sich ein Fuhrwerk zwängt. Bis zur Korrektion der Strasse war diese Kurve sehr gefährlich für Velofahrer, Automobilisten und schlittelnde Kinder.

1   Zit. nach Iselin 1963, S. 71.
2   Ebd., S. 71.
3   Gespräch mit Willi Bertschmann-Unholz und Anna Tanner-Frei, 10.02.2010.
4   StABS: Gemeindearchiv Bettingen (1786–1985), Protokolle des Gemeinderates (1951–1959), Sitzung vom 27.03.1956.
5   Sammlung Michael Raith: Ordner 3, Riehener Zeitung, Ausschnitt undatiert.
6   Neue Basler Zeitung, 26.05.1930.
7   Ebd.
8   Riehener Zeitung, 01.05.1980.
9   Gespräch mit Martha Bertschmann, Marie Häner-Schlup, Elsa Stebler-Zuppinger und Lily Tschanz-Wagner, 06.04.2010.
10 StABS: Gemeindearchiv Bettingen, Beilage zu den Protokollen des Gemeinderats 1920–1936, Schreiben der Gemeinde Bettingen an die Automobilsektion Basel des Schweiz. Touring-Clubs, 01.09.1923.
11 Iselin 1963, S. 95.
12 Bettinger Nachrichten,10.2007.
13 Meyer 1965, S. 93–108.
14 Iselin 1963, S. 83.
15 StABS: Ratschlag betreffend den Anschluss der Gemeinde Bettingen an die städtische Wasserversorgung, dem Grossen Rate des Kantons Basel-Stadt vorgelegt am 28.04.1910.
16 StABS: Gemeindearchiv Bettingen, A 1.11, Wasserversorgung 1880–1958.
17 Gespräch mit Jakob Manger-Schmidt, 06.05.2010.
18 Privatarchiv Johannes Wenk-Madoery: Jahresbericht der Anstalt für schwach begabte Taubstumme in Bettingen, Jg. 20 (1921/22).
19 Illi, Martin: Abwasser, in: Historisches Lexikon der Schweiz, Version vom 31.05.2002, URL: http://hls-dhs-dss.ch/textes/d/D7861.php.

20 Schnyder/Meyrat/Koellreuter/Hagmann/Hess 2010, S. 202.
21 Iselin 1963, S. 97.
22 Gespräch mit Willi Bertschmann-Unholz und Anna Tanner-Frei, 10.02.2010.
23 Iselin 1963, S. 92.
24 Sammlung Michael Raith: Ordner 1, Gemeindeversammlungen, Beschlüsse, Diskussionen, Mitteilungen, 1960–1996, gesammelt von Kurt Fischer 1997, Gemeindeversammlung vom 12.12.1961.
25 StABS: Gemeindearchiv Bettingen (1786–1985), Protokolle des Gemeinderates (1936–1951).
26 Riehener Zeitung, 06.03.1987.
27 Schnyder/Meyrat/Koellreuter/Hagmann/Hess 2010, S. 205.
28 Iselin 1963, S. 87.
29 Ebd., S. 90.
30 Ebd.
31 Manasse/Tréfás, S. 89–103.
32 Grass 2010, S. 112–117.
33 Förderverein für Solarenergie und erneuerbare Energiegewinnung Bettingen, URL: www.fseb.ch, Zugriff: 15.05.2010.
34 Machbarkeitsstudie vom 18.08.2009, URL: www.aue.bs.ch/Machbarkeitsstudie-Wind-BS_Sept_09.pdf, Zugriff: 15.05.2010, und Regierungsratsbeschluss vom 14.10.2009.
35 Iselin 1963, S. 100.
36 Kühne 1974, S. 1401.
37 Gespräch mit Martha Bertschmann, Marie Häner-Schlup, Elsa Stebler-Zuppinger und Lily Tschanz-Wagner, 06.04.2010.
38 Dettwiler-Ammann 2005.
39 Basler Zeitung, 18.05.2010.
40 Basler Zeitung, 23.12.2009.

Blick auf den Dorfkern vom Buchweg aus um 1950. Der alte Dorfkern Bettingens drängte sich auf der Schattenseite zusammen, während den sonnigen Hängen entlang moderne Häuser von Neuzuzügern entstanden.

VOM BAUERNDORF ZUM WOHNIDYLL

Das einst abgelegene und ärmliche Bettingen verweist im kommunalen Richtplan 2003 auf seine hervorragende Lage für gehobene Wohnbedürfnisse. Nach dem Zweiten Weltkrieg lockte das stadtnahe Bauerndorf immer mehr Menschen an. Besonders Akademikerinnen und Akademiker und Angestellte in Kaderpositionen gehören zu den Neuzuzügern. Diese schätzen die Möglichkeit, Wohneigentum zu erstellen oder zu erwerben. Wer wenig Einkommen hat und nicht aus dem Dorf selbst stammt, zieht kaum nach Bettingen. Das Leben «auf dem Berg», wie die Bewohner der Pilgermission St. Chrischona ihren Wohnort gern bezeichnen, ist durch die religiöse Gemeinschaft und Zusammengehörigkeit geprägt.

DIE ENTWICKLUNG DES DORFKERNS

Der Lindenplatz, das eigentliche Dorfzentrum Bettingens, bezeichnet den Ort, von dem aus sich vor rund siebenhundert Jahren die heutige Siedlung zu entwickeln begann. Hier stehen die ältesten Häuser des Dorfes. Verwinkelte Riegelbauten, niedrige Bauernhäuser, die heute zu Bijous umgebaut sind.

DER DINGHOF BETTINGEN

Steht man auf dem Lindenplatz, achtet man zunächst nicht auf das gedrungene, etwas zurück-versetzte Haus Nr. 8. Erst der ins Mauerwerk eingelassene Name «Dinghof» verweist darauf, dass hier der Ursprung der Siedlung angenommen wird. Die gleich danebenstehende Häusergruppe Lindenplatz 10 und 12 gehört ebenfalls zum alten Dorfkern und wird als Teil des einstigen Ding-hofs angesehen. Ein Brand hat diesen zu Beginn des 19. Jahrhunderts in Schutt und Asche gelegt, nur die Jahreszahl 1371 erinnert noch an das verbrannte Gebäude. Die Häuser wurden 1835 in her-kömmlicher Weise wieder aufgebaut, ein Schlussstein im äussersten Erdgeschossfenster verweist darauf. Die Häusergruppe am Lindenplatz gehörte bis 1965, als der einstige Dinghof unter Denk-malschutz kam, als Nr. 8 und 12 zur Brunnengasse. Als diese im Zuge der Dorfplatz-Umgestaltung nicht mehr bis zur Hauptstrasse führte, erhielten die Häuser neu die Adresse Lindenplatz.

Die Bevölkerung Bettingens wuchs sehr langsam. Chronist Ludwig Emil Iselin begründet dies damit, dass das karge Ackerland nur wenigen eine Existenz bot. Zudem lag das Dorf abseits wich-tiger Verbindungsstrassen. 1511 gehörten die Bewohnerinnen und Bewohner der zwei Häuser mit ihren Hofstätten zu den Hofleuten des Dinghofs. Als Bettingen im Jahr 1513 zu Basel kam, wuchs die Siedlung und wies 1595 fünf Häuser auf. 1786 standen auf dem Dinghofareal sieben Wohnun-gen. Die wohl frühesten, wenn auch spärlichen Informationen über einzelne Personen finden sich in den Berain-Büchern. Darin wurden die Lasten und Verpflichtungen festgehalten, die Besitzende gegenüber den weltlichen oder geistlichen Herren hatten.[1] So lasteten zum Beispiel auf einer Be-hausung im Dorf ein Viernzel Korn (2,25 Säcke), zwei Hühner und zehn Eier als feste Abgaben. Wurden Land oder Häuser durch Verkauf oder Erbschaft geteilt, so teilten sich auch diese Zinsen. Dies führte zu sehr komplizierten Abgabeverhältnissen, die von Zeit zu Zeit in einem Buch neu aufgesetzt oder eben «bereinigt» werden mussten. Aus diesen Berainen erfahren wir, dass bereits 1594 Menschen mit dem Namen Schlup oder Bertschmann in Bettingen wohnten. Im 17. Jahrhun-dert tauchten neue Geschlechter wie Basler, Frey, Häner, Huber, Hunziker, Krebs, Meyer, Osswald und Senn auf.[2]

WENN FRAUEN FREMDE HEIRATETEN

Im kleinen Bettingen waren es vor allem die Frauen, die aus Bettingen weg nach Basel, Riehen, Zürich, Schaffhausen oder Inzlingen heirateten, wie Akten im Staatsarchiv zeigen. Sie erbten selten Land und Hof und mussten daher oft das Dorf verlassen. Heiraten durfte nur, wer eine Heiratsbestätigung von seiner Heimatgemeinde vorweisen konnte. Fehlte diese, war die Heirat nicht möglich. Am 16. August 1890 gelangte das kantonale Polizeidepartement an das Justizdepartement mit der Bitte, sich um den Fall der Bettingerin Elise Schlup zu kümmern. Die Frau lebte seit neun Jahren mit dem aus dem österreichischen Südtirol stammenden Maurer Constantin Casoni zusammen. Sie begleitete ihn an seine Arbeitsorte in Frankreich, Österreich und Italien. In dieser Zeit gebar sie fünf Kinder. Nun wollte sich das Paar in Bettingen niederlassen. Die beiden waren nicht verheiratet, weshalb die Polizei gezwungen gewesen wäre, den gesetzlich verbotenen Konkubinatszustand zu trennen und zu büssen. Ein solches Vorgehen wurde vom Vorsteher des Polizeidepartements jedoch nicht als empfehlenswert eingeschätzt. Casoni galt als arbeitsam und die Familie war kinderreich. Bei einer Trennung wäre die Mutter mit den Kindern der Fürsorge anheimgefallen. «Nach Angabe der Elise Schlueb hat sie und ihr Liebhaber alle möglichen Schritte getan, um die Ehe zu vollziehen. Sie ist aus diesem Grunde sogar zur katholischen Konfession übergetreten.»[3] Dennoch weigerte sich die Heimatgemeinde des Österreichers, eine Heiratsbewilligung auszusprechen. Zwar hätten die Eheleute verheiratet werden können, wenn Constantin Casoni in Bettingen eingebürgert worden wäre, doch war das nach dem damaligen Einbürgerungsgesetz erst nach zwei vollen Jahren Aufenthalt in der Schweiz möglich. «Wollte man diesen Weg betreten, so müsste man, wenn man die bestehenden Umstände berücksichtigen will, so lange das Concubinat dulden.» Da aber das Polizeidepartement solch unlautere Zustände nicht gern duldete, fragte es beim Justizdepartement nach, ob die Bettingerin Elise Schlup nicht vor der Einbürgerung des Constantin Casoni vermählt werden dürfte, da die beiden «nichts sehnlicher als ihre Verheiratung» wünschten. 1895 schlug das Civilstandesamt Basel, das keine Heirat ohne Bewilligung der Heimatgemeinde vornahm, vor, Casoni schnellstmöglich einzubürgern.[4] Die Vermittlungen hatten endlich genützt. Im Verzeichnis der selbstständigen Einwohner Bettingens findet sich 1913 der Grubenarbeiter Konstantin Kasoni-Schlup. Das italienisch anmutende «C» seines Familiennamens hatte der frisch eingebürgerte gegen ein kräftiges «K» getauscht.

ALTE BAUERNHÄUSER

Zwar stehen in Bettingen keine berühmten Landgüter. Aber einige besonders alte Bauernhäuser, die über das Leben der Kleinbauern Auskunft geben, sind bis heute erhalten. Die Gebäude an der Oberen Dorfstrasse 62 und 64, «Im Pelzwinkel» genannt, lassen sich ins 16. Jahrhundert datieren. Ebenso das Haus an der Steinengasse 5. Auch an der Oberen Dorfstrasse standen einst kleinräumige Taglöhnerhäuschen. Scheune, Stall und Wohnhaus lagen unter einem Dach, das Wohnhaus oft gedrungen, der Stall klein, Platz war da bloss für ein bis zwei Kühe oder auch nur einige Ziegen. Der hinterste Teil der Oberen Dorfstrasse heisst bis heute «Geisshölzli». Wer die steilen, schmalen Grundstücke hinter den heutigen Einfamilien-Reihenhäusern sieht, kann sich leicht vorstellen, dass das Land kaum zu etwas anderem als für den Weidgang von Ziegen genutzt

Die Häuser am Jägerweg bilden die älteste komplett erhaltene Häuserzeile des Dorfes. Ihre Entstehung wird auf das 18. Jahrhundert datiert, es ist jedoch möglich, dass die Ursprünge weiter zurückreichen. In ihrer Gliederung sind sie den Bauernhäusern aus dem 16. Jahrhundert ähnlich. Der zweigeschossige Wohnteil hatte eine Fläche von dreissig bis fünfunddreissig Quadratmetern und wies in beiden Geschossen je zwei Räume auf. Im Erdgeschoss Küche und Stube und im Obergeschoss zwei Kammern. Die kleine Küche war gleichzeitig der zentrale Erschliessungsraum, den man direkt durch den Hauseingang betrat. Die meisten alten Häuser in Bettingen waren nicht unterkellert. Anstelle eines Kellers wurde ein an den Wohnteil angeschlossener, ummauerter Raum im Erdgeschoss erstellt.[5] Die Bilder zeigen dieselbe Liegenschaft um 1910 und 2010.

werden konnte. Einige Höfe verfügten nebst Scheune, Stall und Toilette, die in einem Holzhäuschen ausserhalb des Wohnhauses lag, über eine Weintrotte, eine kleine Schnapsbrennerei oder ein eigenes Waschhaus.

Wie eng die Wohnverhältnisse im 19. Jahrhundert oft waren, wird aus den Unterlagen der Volkszählung 1860 deutlich. Im Haus Nummer 9 der Familie Bertschmann wohnten drei Parteien: In einer Wohnung lebte das junge Bauernehepaar Adolf und Margaretha Bertschmann mit ihren drei kleinen Kindern. Das Landwirt-Ehepaar Schlup, er dreiundfünfzig und sie vierundfünfzig Jahre alt, mieteten eine der Wohnungen, in der nebst der vierzehnjährigen Tochter auch noch die Taglöhnerin Elisabeth Senn und ihr Baby lebten. Eine dritte Wohnung mietete der Gärtner Johannes Schlup mit seiner Frau, die als Näherin arbeitete, und der fünfzehnjährigen Tochter. Bei ihnen hausten zudem eine dreiundzwanzigjährige Näherin mit ihrem fünfjährigen Sohn sowie eine neunzehnjährige Lehrtochter, alle aus der badischen Nachbarschaft.[6]

DER BASLERHOF – EINZIGER LANDSITZ IN BETTINGEN

Im Baslerhof hatten die Basler Untervögte ihren Sitz. Nachdem Christmann Fürfelder, Basler Ratsherr und Obervogt in Riehen, 1594 sämtliche zum Bauernhof gehörenden Zinsen und Güter kaufte, liess er diesen nach und nach zum Herrschaftssitz ausbauen. Das Machtzentrum im Dorf wurde der Zeit entsprechend durch eine angemessene Architektur unterstrichen. Aus einem Kaufvertrag des Baslerhofs von 1720 wissen wir, dass das Gut nebst der Behausung folgende Güter umfasste: Scheune, Stallungen und Trotte, Brunnen, Waschhaus, Krautgarten, Acker, Hanffeld, Matte und Wald und jährliche Zehntenzinse von vierundvierzig Sack Korn, vier Sack Haber, fünfundzwanzig Hühnern, hundertfünfzig Eiern und einen Geldbetrag von achtzehn Pfund.[7] Bis nach den Revolutionswirren gehörte der Hof städtischen Herrschaften. Um 1820 erwarb der Bettinger Martin Bertschmann das Hofgut. Ende des 19. Jahrhunderts ging die Liegenschaft in den Besitz der verwandten Familie Basler über, die dem Anwesen seinen heutigen Namen gab. 1930 wurden in der Gaststube und unter den alten Bäumen der Gartenwirtschaft bis zu vierhundert Personen bedient. Zudem fanden unter dem grossen Dach neun Wohnungen Platz. Bis heute hält der 1997 zuletzt renovierte Baslerhof mit dem mächtigen Kastanienbaum vor dem Eingang den Eindruck eines gepflegten Traditionsgasthofs aufrecht. Als einziges Gasthaus im Dorf bietet er Zimmer und Wohnungen für Gäste an.

Bettingen, Restaurant zum Baslerhof.

1892 richtete Simon Basler erstmals einen Wirtschaftsbetrieb im Baslerhof ein, der in den 1920er-Jahren renoviert wurde. Die «National-Zeitung» berichtete über die Schwierigkeiten beim Umbau: «Gotische Fenster und Türen, barocke Holzteile wie die Laube, zahlreiche Anbauten, von denen keine dieselbe Stock- und Dachhöhe hatte, waren miteinander verbunden. Fünf Familien wohnten in dem Hause, das also den merkwürdigen Anblick eines einstöckigen Mehrfamilienhauses unter einem mächtigen Dache bot.»[8] Auf der Postkarte von 1910 lassen sich die beschriebenen Elemente gut erkennen.

DAS DORF WÄCHST

Erst mit der zunehmenden auswärtigen Erwerbsarbeit begann die Bevölkerung zu wachsen. 1774 lebten 193 Menschen in Bettingen, 1815 waren es 233 und 1850 zählte man 279 Einwohnerinnen und Einwohner im Dorf. Im ausgehenden 19. Jahrhundert fanden immer mehr Bettinger Männer und Frauen ihr Auskommen in der Basler Industrie, einige auch in der Staatsverwaltung der neu gegründeten Eidgenossenschaft. Zudem übte die Gemeinschaft der Pilgermission St. Chrischona eine grosse Anziehungskraft aus. 1900 war die Dorfbevölkerung auf 490 Personen angewachsen. Der Aufschwung des Automobils machte das Dorf zum Vorort der Stadt Basel mit all seinen Vor- und Nachteilen.[9]

WOHNEN IN ZAHLEN

Das Ergebnis der eidgenössischen Wohnungszählung aus dem Jahr 2000 zeigt, in welcher Bauperiode wie viele Wohnungen in Bettingen gebaut wurden und wie gross oder klein diese waren. Die Statistik macht damit nicht nur die Wachstumsschübe des Dorfes während des 20. Jahrhunderts sichtbar, sondern auch den starken Zuwachs an Wohnungen mit mehr als fünf Zimmern, was auf einen hohen Wohnkomfort hinweist.

Bauperiode	ZIMMERZAHL									
	1	2	3	4	5	6	7	8 und mehr	Total	%
vor 1919	5	4	16	15	6	5	1		52	11,7
1919–1945	3	2	7	8	11	1	4	3	39	8,8
1946–1960	–	6	17	14	17	8	6	2	70	15,8
1961–1980	7	13	36	26	45	34	9	7	177	40,0
1981–2000	1	12	7	27	34	21	2	1	105	23,7
Total	16	37	83	90	113	69	22	13	443	100
%	3,6	8,4	18,7	20,3	25,5	15,6	5,0	2,9	100	

Vom gesamten Häuserbestand in Bettingen im Jahr 2000 entstanden bloss knappe zwölf Prozent vor 1919. Vierzig Prozent aller Bettinger Häuser wurden zwischen 1960 und 1980 gebaut. Nur ein Drittel aller Bettinger Haushalte verfügte im Jahr 2000 über drei oder weniger Zimmer. Über sechzig Prozent der Wohnbevölkerung lebte in Häusern oder Wohnungen mit vier, fünf oder sechs Zimmern. In fünfunddreissig Häusern, das sind rund acht Prozent, verfügte man über sieben und mehr Zimmer. Diese Tendenz verstärkt sich zu Beginn des 21. Jahrhunderts. Von den insgesamt 464 Wohneinheiten in Bettingen im Jahr 2008 weisen die Hälfte fünf Zimmer und mehr auf, in Basel nimmt sich dieses Segment mit 11,7 Prozent vergleichsweise bescheiden aus. Berücksichtigt man zusätzlich, dass 90,2 Prozent aller Gebäude in Bettingen Privateigentum sind, so verweist dies auf eine überdurchschnittliche Anzahl von Personen, die in Bettingen ihre eigenen Häuser besitzen und bewohnen.[10]

In den 1930er- und 1940er-Jahren liessen sich vermehrt Zuzüger an sonniger Lage in Stadtnähe nieder.
Die beiden Flugaufnahmen von 1934 und 1964 zeigen das Ausmass des Wachstums des Dorfes in dieser Zeit und machen den Wandel vom geschlossenen Bauerndorf zum stadtnahen Pendlerdorf deutlich.

HAUSHALTUNGEN NACH ZIMMERZAHL 2008 [11]

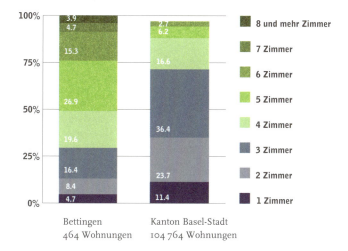

Legende:
- 8 und mehr Zimmer
- 7 Zimmer
- 6 Zimmer
- 5 Zimmer
- 4 Zimmer
- 3 Zimmer
- 2 Zimmer
- 1 Zimmer

Bettingen
464 Wohnungen

	Bettingen	Kanton Basel-Stadt
8 und mehr Zimmer	3.9	2.7
7 Zimmer	4.7	6.2
6 Zimmer	15.3	16.6
5 Zimmer	26.9	
4 Zimmer	19.6	36.4
3 Zimmer	16.4	23.7
2 Zimmer	8.4	11.4
1 Zimmer	4.7	

Bettingen
464 Wohnungen

Kanton Basel-Stadt
104 764 Wohnungen

VON TEUREM LAND UND FREMDBESTIMMUNG

Die Bettinger Siedlungsplanung wurde bis ins 21. Jahrhundert durch den Kanton bestimmt. Die Zonenfestlegung oblag dem Grossen Rat, in dem Bettingen mit einer Stimme vertreten ist. Die Gemeindebehörden konnten Vorlagen lediglich in empfehlendem Sinne gutheissen oder ablehnen. Dennoch wusste sich Bettingen durchaus für seine Interessen einzusetzen.

KANTONALE BAUPLANUNG IN BETTINGEN

Erst 1939 wurde Bettingen in den Zonenplan des Kantons einbezogen. Dieser wies das Dorf mit seiner nächsten Umgebung der Zone 2 mit Erleichterung für das Gewerbe zu, das übrige, offene Land der Zone 2a.[12] Damals standen ausserhalb des Dorfkerns noch kaum Häuser. Das erste Haus auf dem heute überbauten «Buck» baute im Jahr 1929 Wilhelm Bertschmann-Bertschmann, der seines exklusiven Wohnsitzes wegen auch «Buckkönig» genannt wurde. Zeugnisse der nur wenig reglementierten Bauphase bis 1950 sind die zwei dreistöckigen Mehrfamilienhäuser an der Talmattstrasse 64 und 66 sowie die mehrstöckige Kaffeehalle beim Lindenplatz, die als «Turm» bezeichnet wurde.

Auf der Suche nach geeignetem Bauland und bestrebt, den Verkauf von Grünflächen zu steuern, legte das kantonale Baudepartement den Behörden Bettingens 1946 einen Plan vor, auf dem bisherige Allmend, sogenanntes «Bündtenland», als Bauland definiert wurde, andere Flächen jedoch als landwirtschaftliche Zonen ausgeschieden wurden. Der Streit um diesen ersten Nutzflächenplan dauerte zwei Jahre, nicht zuletzt, weil viele Bettinger von günstigen Landverkäufen zu profitieren hofften und deshalb kein Interesse an Landwirtschafts- oder Grünzonen hatten. So schrieb der damalige Gemeindepräsident Emil Schlup-Schultheiss an den Vorsteher des Baudepartements, Bettingen wünsche, das ganze freie Land gegen das «Wenkenhof-Täli» bis zum «Bierkeller» als Bauland zu definieren. Ebenso wolle man die Bauzone in «Zwischenbergen» bis zur Banngrenze erweitern.[13] Da das Baudepartement sich diesen Wünschen nicht beugte, wurde der Plan an der Gemeindeversammlung im November 1947 verworfen. Der Kanton musste einen neuen Plan ausarbeiten. Am 10. Mai 1948 stimmte die Gemeindeversammlung diesem neuen Bauflächenplan Bettingens schliesslich zu. Aber nur unter der Bedingung, «das übrige Land im Banne Bettingen als Baureserveland» zu bezeichnen.[14]

In der Folge stiegen die Landkäufe durch die Stadt massiv an. Die Einwohnergemeinde Basel-Stadt kaufte zwischen 1946 und 1949 zwanzig Parzellen Land in Bettingen mit einer Gesamtfläche von 103 585 Quadratmetern.[15] Eine Anfrage von Walter Senn-Bleuel verlangte Auskunft vom Regierungsrat: Man sei in Bettingen besorgt über diese Praxis, da der Staat der Gemeinde keine Liegenschafts- und Gebäudesteuern bezahlen müsse.

Tatsächlich hatte sich das bisher wenig beachtete Land zu einer wahren Goldgrube entwickelt. Dank günstiger Lage und attraktiver Bodenpreise bauten sich Gutsituierte ihre Häuser im Grünen. Die Bevölkerung verdoppelte sich in kurzer Zeit. Um die attraktive Wohnlage zu erhalten und vor grossen Überbauungen zu schützen, beschloss der Grosse Rat 1962 zum Schutz des Landschafts- und Aussichtsbilds, die Gebiete «Im Lenzen», «Auf dem Buchholz», «Im Junkholz», Geländeteile am Hang gegen St. Chrischona und einige dorfnahe Gebiete der Grünzone zuzuweisen. 1965 definierte ein weiterer Grossratsbeschluss den Dorfkern auf Wunsch der Gemeinde als Altstadtzone. Bei der kantonalen Zonenplanrevision von 1986 wurden der Erhalt des dörflichen Charakters und der baulichen Substanz des Dorfkerns zu Hauptanliegen. Entsprechend überführte man den Dorf-kern in die Schutz- oder Schonzone. Gebiete, in denen bisher Gewerbeerleichterung galt, gelang-ten neu in die Wohnzone 2a, so dass seither ausser im Dorfkern im gesamten Gemeindegebiet keine Gewerbeerleichterung mehr gilt.[16]

WENIG RAUM FÜR BILLIGES WOHNEN

Die allgemeine Wohnungsknappheit in den Nachkriegsjahren betraf auch junge Bettinger Fa-milien. Das Bauland wurde teurer, viele konnten keine Unterkunft finden und waren gezwungen, ausserhalb der Heimatgemeinde ihren Wohnsitz zu nehmen. Eine ganze Reihe von Bettingerin-nen und Bettingern fand in den neu gebauten Wohngenossenschaften in Riehens Süden ihr neues Zuhause.[17]

Nachdem grosse Teile des einst in schmale landwirtschaftliche Parzellen aufgeteilten Bodens als Bauland zu hohen Preisen verkauft worden waren, veränderten sich ganze Dorfteile radikal. Mit den steigenden Bodenpreisen und den wachsenden Ansprüchen auf zeitgemässes Wohnen verschwanden die gedrungenen, manchmal baufälligen Kleinbauern- und Taglöhnerhäuschen, die bis zur Mitte des 20. Jahrhunderts das Gesicht des Dorfes geprägt hatten. Sie machten modernen und oft teuren Bauten Platz. Wurden die Mädchen von Bettingen, die in Riehen zur Schule gingen, in den 1940er-Jahren noch als «Hochalpenkühe» oder «Bettinger Bauerntschumpel»[18] gehänselt, haftet dem heutigen Bettingen das Etikett «Bonzenalp» an. Bereits 1967 schrieb die «AZ Arbeiter-Zeitung», in Bettingen wohnten mehr Professoren als Kühe.[19]

Bei gemeindeeigenen Neubauten bemühte man sich um bezahlbaren Wohnraum. 1981 plante die Gemeinde ein Gebäude, das nebst der Post kleine, mit Lift zugängliche Alterswohnungen fasste. Diese sollten es alteingesessenen Personen ermöglichen, im Dorfkern wohnen zu bleiben, wenn sie ihre grossen Häuser und Gärten nicht mehr allein bestellen können. Das Projekt lag 1984 dem kantonalen Bauinspektorat vor. Da die Parzelle zur Grünflächenzone gehörte, konnte das Ge-bäude erst nach der Zonenplanrevision von 1986 bewilligt[20] und die ersten Alterswohnungen 1987 bezogen werden. Diese stiessen bei der angestrebten Zielgruppe auf relativ geringes Interesse, so dass die Gemeinde die Wohnungen auch an Alleinstehende und Studierende vermietet. 1990 beschloss die Gemeindeversammlung einen Kredit für ein Mehrfamilienhaus an der Oberen Dorf-strasse 29, das dem Wohn- und Eigentumsförderungsgesetz (WEG) entspricht. Das langgestreckte Gebäude prägt Bettingens Dorfbild vor allem der Einstellhalle wegen, die sich der Hauptstrasse entlang bis zum Café Wendelin zieht. Die dominante Betonmauer steht in scharfem Kontrast zum alten Dorfkern.

BETTINGENS PETERSBURG

1961 waren die Zeitungen des Lobes voll: Bettingen zeige Geschmack, da man weder Hochhäuser noch Wohnblocks dulde, und zugleich sei das Dorf dem Modernen gegen-über offen. Grund zum Lob gab der Bau der ersten Wohngenossenschaft von Architekt Ernst Egeler. Das stattliche Mehrfamilienhaus mit Giebeldach und gewölbten Garagen-toreinfahrten beim Dorfeingang füge sich mustergültig in das Dorfbild ein. Auslöser für den Bau war ein Grossratsbeschluss zur Förderung des sozialen Wohnungsbaus im Jahr 1958. Basel-Stadt erwarb ein baufälliges Bauernhaus und gab das Land im Baurecht an die 1959 gegründete Wohngenossenschaft Bettingen ab. Junge Bettinger Paare sollten hier günstigen Wohnraum finden und das Dorf nicht wegen der Familiengründung verlassen müssen. Unter den ersten Bewohnern befanden sich aber nur ein junges Paar und zwei Familien aus dem Dorf. Die übrigen sechs Parteien kamen aus Basel und Riehen. Das in drei Stufen an den Hang gebaute Haus an der Petersgasse erhielt bereits als Neubau den Übernamen «Petersburg».[21] Bis heute ist das Neunfamilienhaus eine Genossenschaft, jedoch genügen die Zwei- und Dreieinhalb-Zimmerwohnungen den Raumansprüchen heutiger Familien kaum mehr. – Unter der Leitung Ernst Egelers entstanden übrigens einige Jahre zuvor auch das Gebäude des Allgemeinen Consumvereins und später der Bau des Gemeindehauses.

BAUERNHAUS UND LINDENPLATZ – DAS BÄUERLICHE IM ZENTRUM

Auf dem Lindenplatz rennen Kinder um den Brunnen, vor dem Schulhaus spielt eine englischsprachige Familie Verstecken, eine alte Bettingerin kommt aus dem Dorfladen, der tamilische Ladenbesitzer hilft ihr beim Tragen ihrer Einkäufe, im Hintergrund hört man die Kühe muhen. Bettingen will den Charakter eines Wohndorfes behalten und lässt sich das etwas kosten. Die Gestaltung des Dorfplatzes mitsamt Bauernbetrieb zeigt dies beispielhaft.

Der Bau des Allgemeinen Consumvereins (ACV) Ende der 1950er-Jahre zog eine rasche Veränderung des Dorfkerns nach sich. Zunächst wurde der Bauernhof, vor dem einst der Bus hielt, zum Abbruch freigegeben und an den ACV verkauft. Anstelle des alten Hofes entstand das Gebäude, in welchem bis heute der Dorfladen betrieben wird. Dem Bauernbetrieb wurde neu auf dem Gelände der Taubstummenanstalt Platz gemacht. Das zeitgemässe Ökonomiegebäude kam da zu stehen, wo sich einst der grosse Garten der Anstalt ausdehnte. Der Wohnteil der Bauernfamilie wurde in die Parterrewohnung der einstigen Taubstummenanstalt verlegt.

1988 erteilte die Gemeindeversammlung die Genehmigung zum Kauf der 1617 Quadratmeter grossen «Gänsematte» als Baulandreserve. Der Kredit von 1,2 Millionen Franken für die an der Hauptstrasse liegende und an den Bauernhof grenzende Parzelle wurde mit hundertdrei zu dreizehn Stimmen bewilligt. Wichtigstes Argument war, dass der Kauf die einzige Chance sei, das Land vor einer Überbauung durch Spekulanten zu schützen. Dies ermögliche nicht zuletzt den Erhalt des einzigen Bauernbetriebs im Dorfzentrum.[22]

Bereits 1972 lagen Pläne des Kantons vor, den Bauernhof im Dorfzentrum, der auf basel-städtischem Boden liegt, auf das «Junkholz» zu verlegen, die Taubstummenanstalt abzureissen und auf dem frei werdenden Land Wohnungen zu bauen.[23] Ein Ortsplanungs-Wettbewerb 1990 wirbelte viel Staub auf, da die Planung davon ausging, dass die Flächen der «Baslermatte» unterhalb des Baslerhofs und der «Gänsematte» sowie der «Obstwiese» nicht sinnvoll überbaut werden könnten, wenn der Hof im Dorf bestehen bliebe. Dagegen regte sich massiver Widerstand. Bettingen müsse ein Dorf bleiben und den Hof im Zentrum behalten, meinten die meisten Votanten. Man sei gegen den Bau von «Wohncontainern» und architektonischen Schandtaten.[24] Am 23. November 1993 behandelte die Gemeindeversammlung die Initiative «Zur Erhaltung des Bauernbetriebs im Dorfkern», die in der Gemeindeordnung festschreiben wollte, dass der Bauernbetrieb im Dorfkern erhalten bleiben solle. Zwar wurde die Initiative nach langer Diskussion mit hundertvier Ja- gegen hundertfünfzehn Nein-Stimmen verworfen. Doch kam eine Resolution der Initiantinnen

Für die Neugestaltung des Dorfplatzes plante das Baudepartement die Begradigung der Fläche und die Neuausrichtung der Strassenlinienführung. Zudem sollte eine markant gepflasterte Fussgängerinsel mit ein bis zwei Linden den dörflichen Charakter unterstreichen.[25] Die heutige Ausstiegsplattform bei der Bushaltestelle erinnert an die Pläne. Auf der Abbildung der Dorfplatz vor der Umgestaltung um 1960. Um die Milchgenossenschaft Bettingen, liebevoll «Milchhüsli» genannt, fuhr jeweils der Bus seine Schlaufe.

und Initianten mit deutlichem Mehr zustande: Diese legte fest, dass sich der Gemeinderat mit allen Mitteln für die Existenzsicherung des Bauernbetriebs einzusetzen hat.[26] Seither fressen die Kühe auf der «Gänsematte» kostbares Bauland-Gras und helfen als Gegenleistung mit, den Eindruck des Bauerndorfs mit einem grossen Hof im Zentrum aufrechtzuerhalten.

Der Neubau des ACV am Dorfplatz zog nicht nur Veränderungen für den Bauernbetrieb im Dorf nach sich. Auch die Anlage des Platzes mit der Busschlaufe, die rund um die Milchzentrale herum führte, schien nicht mehr sinnvoll. Man suche nach einer Lösung, die eine «dem Dorfbild Bettingen angemessene, schickliche Gestaltung des eigentlichen Dorfplatzes» ermögliche, schrieb 1958 das Baudepartement Basel-Stadt an Werner Spaar-Mellinger, den Präsidenten der Milchgenossenschaft.[27] Das renovationsbedürftige Milchhäuschen, das mitten auf dem Platz stand, kaufte der Kanton nach längeren Preisverhandlungen von der Milchgenossenschaft und deklarierte es neu als Kantonsallmend. Bis es jedoch zum Abbruch und der Realisierung der neuen Busschlaufe kam, vergingen einige Jahre. Erst das Baubegehren für die zwei Mehrfamilienhäuser Lindengasse 4 und 6 mit der Autoeinstellhalle an der Brunnengasse brachte 1963 den Stein ins Rollen. Denn die kantonale Behörde machte die Realisierung des Projekts von der Neugestaltung des Dorfplatzes abhängig. Anfang 1965 informierte der Sekretär des Baudepartements, zuerst müsse die vom Stadtplanbüro vorgeschlagene Neugestaltung des Dorfplatzes verwirklicht werden. Die Gemeinde wurde aufgefordert, das Areal zwischen der Brunnengasse und den Liegenschaften Brunnengasse 6 und 8 als Allmend zu erwerben: Sofern sich die Gemeinde Bettingen hierfür bereit erkläre und sobald ihre Beteiligung an der Platzgestaltung bei der Busschlaufe feststehe, könne die Zustimmung zum vorliegenden Bauprojekt erfolgen. Am 14. Januar 1966 wurden die entsprechenden Verträge abgeschlossen.[28]

Die grossen Veränderungen im Dorfbild, die meist emotionalen Debatten um die Gestaltung des Dorfkerns und die komplizierten Verhandlungen mit den kantonalen Behörden machten eine stärkere Einbindung der Einheimischen in die Planung notwendig. Deshalb gab es immer wieder ad hoc gebildete Spezialkommissionen. Eine solche begleitete die Neugestaltung des Lindenplatzes von 1983 bis 1986.[29] 1993 delegierte der Kanton die Beurteilung von Baugesuchen in ästhetischer Hinsicht an die Gemeinde, worauf der Gemeinderat am 22. November 1994 die konstante Dorfbildkommission begründete.

SELBSTBESTIMMTE ORTSPLANUNG

Im Jahr 2001 trat ein geändertes kantonales Bau- und Planungsgesetz in Kraft. Damit verfügt Bettingen erstmals über die Planungshoheit in Gemeindesachen. Der erste kommunale Richtplan wurde 2003 vorgelegt und 2004 vom Kanton gutgeheissen. Er diente als Strategiepapier und gesetzliche Grundlage für die Totalrevision des Nutzungsplans, der 2008 der Gemeindeversammlung vorgestellt wurde und bereits 2010 kantonal bewilligt war. Das Vorgehen entsprach einer Totalrevision, da einerseits die Zonenbestimmungen des Hochbaugesetzes von 1939 durch jene des Bauplangesetzes von 2001 und andererseits zehn Gebiete mit speziellen Bauvorschriften durch zwei neue Bebauungspläne ersetzt wurden.

EIN UMGEHEND BEWILLIGTER ZONENPLAN

Aussergewöhnlich war, dass die Totalrevision 2008 nicht nur Siedlungsgebiete betraf, sondern auch landwirtschaftliche Flächen und Grünzonen. Damit konnte Bettingen den bisher separaten Grünzonenplan mit dem Siedlungsplan zusammenlegen. Kleinheit kann in solchen Fällen von Vorteil sein: Die Planungskommission, bestehend aus einem Ressortverantwortlichen des Gemeinderats, einer Person aus der Verwaltung, aus der Politik und aus der Dorfbildkommission, nahm den kantonalen Planungsverantwortlichen in die Kommission auf und nutzte so die langjährigen Erfahrungen mit der Fremdbestimmung durch den Einbezug der bisherigen Behörde geschickt und diplomatisch. Nicht zuletzt deshalb wurde der Nutzungsplan Bettingen bereits 2010 vom Kanton gutgeheissen.[30] Der Richtplan von 2003 formuliert eine behutsame Nachverdichtung im Dorfzentrum. Dies nicht, um mehr Menschen nach Bettingen zu locken, sondern um dort gleich vielen Menschen attraktiveren Wohnraum bieten zu können. Nach dem Nutzungsplan von 2008 können noch 22 Parzellen überbaut werden. Von den 223 Hektaren Grundfläche Bettingens sind bloss 37 Hektaren als Bauzone ausgeschieden. Bettingen bleibt damit weiterhin ein grünes Dorf.

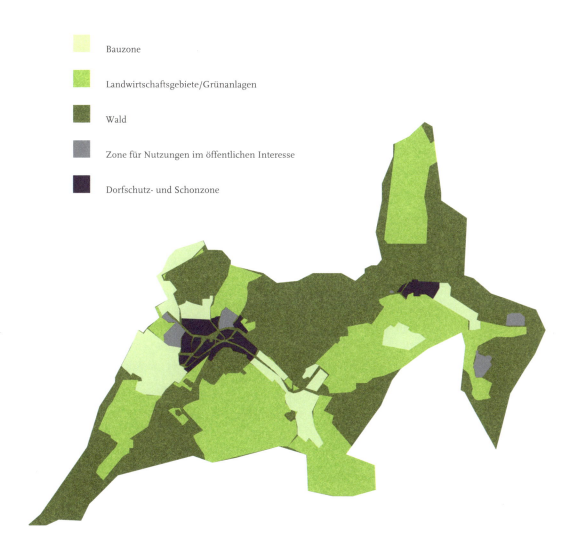

Der 2008 erstellte und 2010 bewilligte Nutzungsplan Bettingens. Den weitaus grössten Anteil der Gemeindefläche machen Landwirtschaftsgebiete und Grünanlagen aus, bei welchen aus Gründen des Landschafts- und Ortsbildschutzes strenge Bestimmungen betreffend Bauten, Umfriedungen und Terrainveränderungen gelten. Die grauen Flächen bezeichnen Nutzungen im öffentlichen Interesse wie das Schwimmbad, den Friedhof oder die Schulanlage. In der Schutz- und Schonzone, die im gesamten Dorfkern und auf der Chrischona festgelegt wurden, sind Änderungen nicht oder kaum möglich.[31]

Bauzone

Landwirtschaftsgebiete/Grünanlagen

Wald

Zone für Nutzungen im öffentlichen Interesse

Dorfschutz- und Schonzone

Kaum ein Auto verirrt sich nach acht Uhr abends Richtung Chrischona. «Diese Strasse geht nirgends hin. Hier ist ‹End of the World›», lacht Markus Affolter. Gemeinsam mit seiner Frau Pascale und den beiden erwachsenen Kindern wohnt er an der Baiergasse 33. Der Professor für Molekularbiologie und die Anwältin arbeiten in der Stadt. Wenn sie abends nach Hause kommen, geniessen sie die Ruhe, setzen sich in den Garten oder auf die Polstergruppe im Wohnzimmer. «Das ist mein Zuhause», betont Pascale Affolter. Sie liebt das Haus, weil die hohen Terrassenfenster den Blick auf den nahen Wald freigeben, der üppig den Berg hoch grünt. Das erinnert die Kanadierin an die heimatlichen Wälder und macht sie glücklich.

Als das junge Paar von Kanada nach Basel kam, waren beide überzeugt, dass sie nie aufs Land ziehen werden. Er fuhr mit dem Fahrrad zur Arbeit, der Zolli war ebenso nah wie Kinos oder Beizen. Nur die Dreizimmerwohnung wurde der inzwischen vierköpfigen Familie zu eng. Fast unwillig folgten sie der Einladung von Pascale Affolters bester Kollegin, einer Bettingerin, sich eine renovierte Wohnung in ihrem Dorf anzuschauen. Die Räume waren gross und hell, das Haus lag an der Hauptstrasse 88, direkt am Lindenplatz. «So etwas hätten wir in der Stadt nie gefunden. Wir entschieden uns sofort

**PASCALE UND MARKUS
AFFOLTER-GOURDEAU**

für den Ortswechsel.» Das war vor fünfzehn Jahren. Die Eltern engagieren sich bis heute in Kommissionen, Pascale Affolter war politisch aktiv. «Wir fühlten uns willkommen und schnell integriert», betont sie. Das liege daran, dass die Leute nicht typisch dörflich seien: «Viele haben einen Uni-Abschluss, Bettingen ist gebildet und multikulturell.» Markus Affolter, der in einem kleinen Dorf im Aargau aufgewachsen ist, ergänzt: «Und die Einheimischen akzeptieren diese Diversität.»

Das Haus, in dem Affolters heute wohnen, entspricht keineswegs ihrem Traumhaus. Dieses stünde breit, weiss und einstöckig auf einer Anhöhe. Das Reihen-Einfamilienhaus an der Baiergasse dagegen ist schmal, grau und hoch. «Die Wohnung an der Hauptstrasse 88 war schöner als das Haus hier, aber uns fehlte Stauraum und Markus begann, jeden Tag ausgiebige Bäder zu nehmen, weil das Badezimmer der einzige geschlossene Raum ohne Kinder war», erinnert sich Pascale Affolter lachend. Als die Tochter erzählte, das Nachbarhaus ihrer Freundin stehe zum Verkauf, überredeten die Kinder ihre wenig begeisterten Eltern zu einer Besichtigung an der Baiergasse: Die Häuser dort seien gemütlich, die Treppen genial. «Kaum standen wir drin, war klar, dass wir dieses Haus wollten. Ich habe als Kind immer davon geträumt, dass zwei Tritte ins Wohnzimmer runter führen und dieses Haus entsprach meinem Kindheitstraum», erinnert sich Markus Affolter. Nach zweiundzwanzig Jahren Biberstein, acht Jahren Kanada und fünfzehn Jahren Bettingen ist er sich heute nicht sicher, wo er beerdigt werden möchte. «Aber zum Wohnen wüsste ich keinen besseren Ort.» Seine Frau ergänzt: «Wir sind Jetzt-Menschen. Heute sagen wir, hier gehen wir nicht mehr fort – bis es anders wird.»

Die meisten, die «auf dem Berg» wohnen, gehören der Pilgermission St. Chrischona an. Rund um die Kirche aus dem frühen 16. Jahrhundert entwickelte sich ab 1840 das Zentrum der heute grössten freikirchlichen Gemeinschaft der Schweiz. Die ältesten Gebäude wurden 1860 errichtet und stehen heute unter Denkmalschutz. «Der Berg» ist Heimat für Studentinnen und Studenten sowie Lehrpersonen des Theologischen Seminars St. Chrischona (tsc) und für Mitarbeitende der Pilgermission. Lebten 1847 nur vier Brüder im Kirchlein von St. Chrischona, so bot die «Stadt auf dem Berg», wie die Siedlung der Pilgermission zuweilen auch genannt wird, im Jahr 2010 226 Menschen Wohnraum.[32]

AUTARKE GEMEINSCHAFT

Als Christian Friedrich Spittler, Begründer der Chrischona-Pilgermission, im März 1840 im kleinen Anbau der Sakristei das Kirchlein zum Dienst des Herrn weihte, lebte der erste Chrischona-Bruder Joseph Mohr bereits seit einem Monat in der verfallenen Kirche. Der ehemals katholische Zimmermann hatte die Kirche, die zuvor als Scheune und Stall diente, notdürftig hergerichtet. Auf der aussichtsreichen Westecke des Dinkelbergs begann damit die Besiedlung der Chrischona durch Brüder der Pilgermission. Gegen eine Jahresmiete von fünf Franken und mit dem Versprechen, hier eine Stätte zur Ausbildung von Pilgermissionaren zu gründen, hatte Spittler die Kirche von der Basler Regierung gemietet. Im Rückblick auf das Jahr 1850 schrieb er: «In der Anstalt befanden sich im verflossenen Jahr immer vierzehn bis zwanzig Personen, darunter zwei Lehrer.»[33] Bald wuchs das Werk, das einfachen Handwerkern eine Ausbildung zu Laienpredigern ermöglichte. 1857 kauften die Brüder das Feld südlich der Kirche und bauten darauf einen Hof mit Stallungen und Scheunen, die «Pilgerhütte». Hier hatten sich die Bewerber für die Ausbildung zunächst ein Jahr in der Landwirtschaft zu bewähren, danach durften sie ein Jahr die Bibelschule besuchen. 1859 wurde das alte Chrischonagut sowie zusätzliches Land erworben, so dass nun die Selbstversorgung besser gewährleistet war. Der Raum war eng geworden. Die um 1860 auf vierzig Brüder angewachsene Gemeinschaft schlief und lernte bis dahin in den Turmzimmern und auf dem Dachboden der Kirche. Dank Spenden konnte 1860 ein Brüderhaus, der östliche Teil der heutigen «Alten Heimat», gebaut werden. 1867 wurde dieses Gebäude erweitert. Östlich der Kirche entstand 1863 das «Kirchheim» als Lehrerhaus.[34]

Bei der eidgenössischen Volkszählung von 1870 wies die Pilgermission einen einzigen Haushaltungszettel aus, auf dem die Institution dreiundfünfzig benutzte Zimmer angab. Bewohnt wurden die Gebäude vom Inspektor, seiner Gattin und zwei Töchtern, einem Hausverwalter, einer Haushälterin und deren Tochter sowie fünfundfünfzig Zöglingen. Im Bauernbetrieb lebte ein Ökonom, dessen Frau mit drei Kindern, zwei Lehrer sowie drei Mägde. Die Buchbinderei beschäftigte einen Faktor, drei Buchbinder, einen Buchdrucker, acht Schriftsetzer, zwei Arbeiter und zwei Buchbinderlehrlinge, die alle auch dort wohnten. Hinzu kamen drei Schuhmacher, ein Wagner, zwei Schneider, ein Gärtner, zwei Stallknechte, ein Korbmacher und ein Dienstknabe.[35] 1872 bezogen die Bewohner der «Freiwilligen Zwangsarbeitsanstalt», einer Trinkerheilanstalt, die Pilgerhütte. Diese wurden für Arbeiten in der Landwirtschaft eingesetzt. 1875 erbaute man die «Friedau»

Souvenirbild auf Glasplatte. St. Chrischona um 1900 mit der «Friedau», dem «Kirchheim», der Kirche, der «Alten Heimat», der Eben-Ezer-Halle und dem Haus «Morgenrot» (von links nach rechts).

östlich des Kirchheims, wo seit 1902 der jeweilige Leiter des Werks seinen Wohnsitz hat. Bereits 1882 musste wieder gebaut werden. Nach einem Blitzschlag verbot die Basler Regierung das Schlafen auf dem immer noch benutzten Dachboden der Kirche. Für die bisher dort wohnenden Brüder musste gebaut werden. Der Neubau des Hauses «Morgenrot» beherbergte nebst Wohn- und Schlafräumen auch die Buchbinderei und Druckerei des Werks. 2010 wurde das Haus renoviert und zu einem Studentinnenwohnheim für 26 Frauen umgebaut. Zum fünfzigjährigen Bestehen 1890 schenkte sich die Gemeinschaft einen festlichen Saal, die «Eben-Ezer Halle». Bis zum Bau des Restaurants Waldrain im Jahr 1913/14 versorgten die Pilgermissionare im Flur des Untergeschosses dieser heute unter Denkmalschutz stehenden Holzhalle auch Wanderer mit Kaffee. 1898 entstand das «Haus zu den Bergen», in dem im Winter Bibelschüler, im Sommer Gäste unterkamen.[36] Das Leben auf der Chrischona war kaum mit dem dörflichen Leben in Bettingen verbunden. Vielmehr organisierte man sich in einem autarken Betrieb. Zudem pflegte man Beziehungen zu pietistischen Kreisen weit über die Region hinaus.

ZENTRUM FÜR BRÜDER, DIAKONISSEN UND STUDENTEN

Anhand der regen Bautätigkeit wird sichtbar, dass die Pilgermission bis in die neueste Zeit von einem regen Spendenfluss und einer guten Vernetzung lebt. 1925 zogen zwanzig Diakonissen in die als Mutterhaus umgebaute «Pilgerhütte» unterhalb der Kirche. Die Trinkerheilanstalt wurde aufgegeben. In derselben Zeit stieg die Brüderzahl auf über hundertzehn an, so dass zur «Alten Heimat» ein neues Haus für die Brüder hinzukam. 1929 konnte das heutige «Brüderhaus» eingeweiht werden.

Der Zweite Weltkrieg bedeutete eine grosse Krise für das Werk. Da der grösste Teil der Brüder deutscher Herkunft war, stand das neue Brüderhaus fast leer. 1943/44 besuchten nur je sechzehn Männer den Unterricht. Die Nähe einiger Brüder der Pilgermission St. Chrischona zum Nationalsozialismus vergrösserte die Distanz zu der Dorfbevölkerung Bettingens.[37]

Kirche St. Chrischona mit Brüderhaus um 1901. Das umliegende Land wurde bewirtschaftet und diente der Selbstversorgung.

In den 1950er-Jahren stieg die Zahl der Brüder wieder auf über hundert an. 1952 konnte der Neubau des Diakonissen-Mutterhauses mit angebautem Pflegeheim eröffnet werden. 1950 zählte die Gemeinschaft 320 Diakonissen in Deutschland, der Schweiz und im Elsass.[38] Diese wurden in alle Lande ausgesandt. Das Mutterhaus auf St. Chrischona war Ort der Zurüstung und Sendung für alle Schwestern. Heute ist sie Zentrum der Schwesterngemeinschaft und Heimat für die im Ruhestand lebenden Schwestern in der Schweiz.

1992 feierte die Pilgermission während einer Woche die Eröffnung des Chrischona-Zentrums. Die rund dreissig Millionen Franken für den Bau der Lehr-, Wohn- und Tagungsstätte brachte die Gemeinschaft dank Spendengeldern selbst auf. Hier befinden sich Zweierstudios für rund sechzig Studenten von zwei Klassen des Theologischen Seminars. Zudem sind hier Wohnungen für Mitarbeitende untergebracht.[39]

Die Menschen, die von überall her auf den Berg kommen, um hier einen «Bachelor of Arts» in Theologie oder in «Christian Education» abzuschliessen, schlagen sich in den Bevölkerungszahlen von Bettingen nieder. So gehört ein grosser Teil der neuzuziehenden Personen Bettingens jeweils zur Gemeinschaft auf St. Chrischona.

Der wohl avantgardistischste Bau auf dem Berg, das «Haus der Stille», entstand 1997 beim Diakonissen-Mutterhaus. Im Zentrum steht der kegelförmige Andachtsraum, der nach aussen geschlossen wirkt. Darum herum gruppiert sind Seminar- und Gemeinschaftsräume, die sich mit grossen Glasfenstern nach aussen öffnen. Der Bau war umstritten. So wurde die Dorfbildkommission Bettingen in der «Riehener Zeitung» vom 31. Juli 1997 zitiert, der Bau sei zu futuristisch für eine Schwesterngemeinschaft und die gesamte Überbauung passe nicht zum Siedlungskern auf der Chrischona. Die Luftaufnahme zeigt die gesamte Anlage um 2000. Im Vordergrund das erste Mutterhaus «Pilgerhütte», links das Pflegeheim, im Hintergrund Mutterhaus und Ökonomiegebäude.

1   Iselin 1963, S. 33.

2   Ebd., S. 33f.

3   StABS: Civilstand, F 4 – Einzelne Heirats- und Kirchen-
gangssachen. Fremde mit Bräuten von Bettingen, 1786–1895,
Polizeidepartement Kanton Basel-Stadt an Tit. Vorsteher des
Justizdepartements Basel, 16.08.1990.

4   StABS: Civilstand, F 4 – Einzelne Heirats- und Kirchen-
gangssachen. Fremde mit Bräuten von Bettingen, 1786–1895,
Civilstandesamt Basel an das Justiz-Departement Basel-Stadt,
06.03.1895.

5   StABS: K 4,1, Volkszählungen Gemeinde Bettingen, Verzeichnis
der Haushaltungsangehörigen am 10. Christmonat 1860.

6   Ritzmann 1898/99.

7   Meier 1988, S. 22.

8   National-Zeitung, 25.05.1930.

9   Gemeinderat Bettingen 1995.

10 URL: www.statistik-bs.ch/quarter/wv30/wohnen/wohnungen,
Zugriff: 25.08.2009.

11 Wohnbaustatistik des Statistischen Amtes des Kantons
Basel-Stadt.

12 StABS: Ratschlag betreffend Änderung von Bau- und Stras-
senlinien für die Kantonsstrassen in Riehen und Bettingen,
dem Grossen Rat des Kantons Basel-Stadt zugestellt am
15.03.1985, S. 33.

13 StABS: Nutzflächenplan Bettingen 1946–1948, Brief von Emil
Schlup an Dr. F. Ebi, 17.01.1946, BP-REG 1A 805-3.

14 StABS: Nutzflächenplan Bettingen 1946–1948, Brief von Emil
Schlup an das Tit. Baudepartement Basel, 05.1948, BP-REG
1A 805-3.

15 StABS: Nutzflächenplan Bettingen 1946–1948, BD-REG 1, A
306-2.

16 StABS: Ratschlag betreffend Änderung von Bau- und Stras-
senlinien für die Kantonsstrassen in Riehen und Bettingen,
dem Grossen Rat des Kantons Basel-Stadt zugestellt am
15.03.1985.

17 Gespräch mit Martha Bertschmann, Marie Häner-Schlup, Elsa
Stebler-Zuppinger und Lily Tschanz-Wagner, 06.04.2010.

18 Gespräch mit Anna Tanner-Frei, 31.03.2010, Gespräch mit
Edith Bloch-Müller, 15.10.2010.

19 AZ Arbeiter-Zeitung, 29.05.1967.

20 Basler Zeitung, 28.02.1986.

21 Arbeiter-Zeitung, 14.06.1961, und National-Zeitung,
19.06.1961.

22 Basler Zeitung, 30.08.1988.

23 Sammlung Michael Raith: Ordner 1, Gemeindeversammlungen, Beschlüsse, Diskussionen, Mitteilungen, 1960–1996,
gesammelt von Kurt Fischer 1997, Gemeindeversammlung
vom 07.03.1972.

24 Basler Zeitung, 29.06.1990.

25 StABS: Unterlagen zur Dorfplatzgestaltung Bettingen,
BD-REG 1 A, 801-6-49.

26 Sammlung Michael Raith: Ordner 1, Gemeindeversammlung
vom 23.11.1993.

27 StABS: Baudepartement Basel-Stadt an Werner Spaar,
Präsident der Milchgenossenschaft, 04.12.1958, BD-REG 1 A,
801-6-49.

28 StABS: Unterlagen zur Dorfplatzgestaltung Bettingen, BD-
REG 1 A, 801-6-49.

29 Gemeindeverwaltung Bettingen, Kreditvorlage für die Begrü-
nung und Sanierung des Lindenlatzes, Gemeindeversammlung vom 10.12.1985.

30 Gespräch mit Patrick Götsch-Währer, 12.04.2010.

31 Gemeindeverwaltung Bettingen: Totalrevision Nutzungs-
planung Einwohnergemeinde Bettingen. Planungsbericht
nach Art. 47 RPV, Beschluss 30. September 2008, Metron
Raumentwicklung AG, Brugg.

32 Statistisches Amt Basel, Grundstatistik Bettingen, 31.03.2010.

33 Rappard 1908, S. 86.

34 Pilgermission St. Chrischona 1980, S. 14.

35 StABS: K 3,9, Volkszählung 1870, Eidgenössische Volkszählung am 1. Christmonat 1870, Canton Basel Stadt, Landbezirk-
Gemeinde Bettingen, 1ter Zählungsbezirk Chrischona.

36 Schmid 1990, S. 14.

37 Gespräch mit Edith Bloch-Müller, 15.10.2010.

38 Schmid 1990, S. 48.

39 Basler Zeitung, 06.05.1992.

Emma Schlup-Schmidt mit einem Nachbarsbuben (links) und ihren Kindern Nelly (auf dem Wagen) und Max (vorne am Wagen) auf dem Heimweg vom Heuen 1936. Noch bis Mitte des 20. Jahrhunderts bewirtschafteten viele Bettingerinnen und Bettinger nebst einer auswärtigen Arbeit ihr eigenes Land, das der Selbstversorgung diente.

DORF VON PENDLERN

Gehen Bettingerinnen und Bettinger arbeiten, so bedeutet das meist, dass sie das Dorf zu diesem Zweck verlassen. Einst zwangen die kleinen landwirtschaftlichen Betriebe viele dazu, zusätzlich als Handwerker, Gemeindearbeiter, in Fabriken oder auf grösseren Höfen Geld zu verdienen. Heute sind die Pendler von Bettingen oft gut ausgebildet und nehmen ihren Arbeitsweg gern in Kauf. Das Dorf ist in erster Linie zum Wohnort geworden. Auf St. Chrischona wird seit hundertsiebzig Jahren «im Dienste des Herrn» gearbeitet. Landarbeiter, Schuster, Matratzennäher oder Gärtner, alle dienten sie gleichzeitig einem grossen Auftrag – der Verbreitung des Evangeliums. Die meisten Arbeitskräfte waren Studenten, noch heute tragen diese mit ihrer Arbeitskraft zum Auskommen innerhalb der grossen Gemeinschaft bei.

ARBEIT AUSSERHALB DES DORFES

Wenn ein kleines Kind in Bettingen zur Welt kam, hob man es hoch, damit es aus dem Fenster schaue. Hielt es den Kopf nach rechts, so kam es zur Chemie, hielt es den Kopf nach links, zum Staat, und hielt es den Kopf geradeaus, zur Bahn.[1]

Die Anekdote macht deutlich, dass für die Bevölkerung der kleinsten Gemeinde des Kantons Basel-Stadt die Frage nach dem zukünftigen Beruf zusammenfiel mit dem Entscheid, wohin man sich wendet ausserhalb des Dorfes.

AUSWÄRTIGE ARBEIT

Der Vater von Martha Bertschmann war Schreiner und arbeitete bei der Bahn. Der Mann von Marie Häner-Schlup war als Vermessungstechniker beim Kanton angestellt. Elsa Stebler-Zuppingers Vater kam als Grenzer nach Bettingen und blieb einer schönen Frau wegen hier. Er arbeitete als Schneider und fertigte Polizeiuniformen an, während die Mutter den Bauernbetrieb führte.[2] Gemäss dem Verzeichnis der selbstständigen Einwohner Bettingens von 1913 waren zu diesem Zeitpunkt noch siebzehn Landwirte und sechs selbstständige Landwirtinnen verzeichnet. Darunter fanden sich der Gemeindepräsident, der Gemeindeschreiber und mehrere Gemeinderäte. Nebst den Landwirten arbeiteten ein Posthalter, ein Ortsdiener, ein Grenzwächter, ein Waldbannwart, ein Pintenwirt, zwei Spezereihändler, der Primar- und der Sekundarschullehrer sowie der Leiter der Taubstummenanstalt im Dorf. Vier Staatsbeamte, acht Handwerker und dreizehn Fabrikarbeiterinnen und Taglöhner sowie die beiden selbstständigen Wäscherinnen und die beiden Inhaber von Wäschereien machten sich täglich zu Fuss auf den Weg nach Riehen, in die Stadt oder nach Grenzach.

Martha Bertschmann (links) arbeitete 1978 im Konsum an der Lörracherstrasse. Bettinger Mädchen gingen selten ins Gymnasium: Der Weg wäre zu weit gewesen und man brauchte die Töchter bei der Arbeit zu Hause.[3] Ausbildungen, bei denen man gleich etwas verdiente, waren deshalb beliebt. So zählten einige Bettingerinnen zu den Verkäuferinnen, die es in den ersten Filialen von Coop und Migros brauchte. Martha Bertschmann, deren Mutter Arbeitslehrerin in Riehen und Bettingen war, wollte weder ins Büro noch Lehrerin werden, sondern Verkäuferin. Sie absolvierte eine Lehre beim Allgemeinen Consumverein an der Rössligasse in Riehen und war ihr Leben lang «Consumgumsle», wie sie sich selber bezeichnet. Elsa Stebler-Zuppinger arbeitete als Verkäuferin bei der Migros in Basel. Jeden Tag wanderte sie von Bettingen in die Stadt, wo sie um sieben Uhr mit der Arbeit begann. Sie kehrte nach Ladenschluss um neunzehn Uhr zu Fuss ins Dorf zurück.

Manche Aufgaben mussten von Auswärtigen übernommen werden. So das Zersägen des grossen Holzes. Die Bauern fällten und führten ihr Holz selbst und lagerten es dann vor den Häusern. Auf einen bestimmten Tag bestellten sie dann den Lohnsäger, der mit seiner fahrbaren Maschine vor das Haus kam und das Holz sägte und spaltete. Auf der Abbildung ist der Störsäger von Riehen, Niggi Rees, mit Helfern aus dem Dorf um 1920 zu sehen.

Die Pilgermission auf St. Chrischona führte lediglich sieben selbstständige Personen an, darunter drei Lehrer, die Leiterin des «Logierhauses zu den Bergen», den Inspektor und Vorsteher, einen Landwirt und Ökonomen sowie den Pfarrer der Gemeinde. Die Studenten wurden nicht speziell erwähnt, waren aber alle in die Lebens- und Arbeitswelt der Pilgermission eingebunden.[4]

1963 beschrieb die «National-Zeitung» Bettingen als Dorf, das keins mehr ist: «Die malende Bauernfrau ist eine pensionierte Wirtin aus Basel. Der jätende Landwirt ist ein Akademiker aus der Chemischen. Die drei Frauen unterhalten sich keinen Deut übers Korn, sondern übers Kino in der «Steinen». Die Väter der Kinder sind keine Bauern, sondern Doktoren der Chemie. Der Knecht ist kein Knecht, sondern ein weiterer Doktor bei seiner Freizeitbeschäftigung.»[5] Auch heute hat ein Grossteil der Einwohnerinnen und Einwohner eine gute Schul- und Ausbildung und findet sein Einkommen nicht im Dorf selbst. Dennoch bietet Bettingen im Vergleich zu früher deutlich mehr Arbeitsplätze an. Dies nicht zuletzt wegen des Rehabilitationszentrums des Basler Bürgerspitals, der Reha Chrischona. 2008 zählte Bettingen 426 Beschäftigte. Von diesen war der grösste Teil von der Pilgermission St. Chrischona oder im Rehabilitationszentrum angestellt.

WIRTSCHAFTSBRANCHE	TOTAL BESCHÄFTIGTE	VOLLZEIT	> 50%	< 50%
Kirchgemeinden, religiöse Vereinigungen (Pilgermission St. Chrischona)	149	46	20	83
Gesundheitswesen total 130 davon in Spezialkliniken	2 128	49	53	26
Gastronomie	45			
Pflegeheime	28	9	19	0
Grosshandel	13			
Erziehung und Unterricht	11			
Sonstige Branchen	10			
Allgemeine öffentliche Verwaltung	8			
Detailhandel	5			
Veterinärwesen	5			
Telekommunikation	5			
Öffentliche Sicherheit und Ordnung	4			
Unternehmensberatung	4			
TOTAL BESCHÄFTIGTE	**426**			

Nebst dem Gesundheitswesen, in dem mit insgesamt 158 Personen die meisten Menschen arbeiteten, weist die Statistik die besondere Arbeitssituation innerhalb der Pilgermission St. Chrischona (Branche «Kirchgemeinden und religiöse Vereinigungen») aus. Der grosse Anteil von weniger als fünfzig Prozent Arbeitenden erfasst die Studentinnen und Studenten, die mit ihrer Arbeit Studienkosten begleichen können. Die Reha Chrischona beschäftigt ebenfalls eine grosse Anzahl von Teilzeitbeschäftigten sowie die meisten Vollzeitbeschäftigten. Wer dort arbeitet, wohnt meist nicht in Bettingen, so dass man von mehr als hundert Personen, die zupendeln, ausgehen kann. Das Pflegeheim der Chrischona-Schwestern tritt mit achtundzwanzig Beschäftigten als relativ grosse Arbeitgeberin auf. Die kleineren Branchen sind fast alle im Dorf tätig. Unter «Sonstige Branchen» fallen Schreinerarbeit, Postdienst, Grundstück- und Wohnungswesen, darstellende Kunst, Sicherheitsdienst und andere Dienstleistungen.

KLEINBAUERN UND TAGLÖHNER

Bettingen war bis ins 20. Jahrhundert ein abgelegenes Dorf mit landwirtschaftlichen Kleinbetrieben. Die Landparzellen waren schmal und viele Hänge steil, so dass kaum mehr erwirtschaftet werden konnte, als was den Eigenbedarf abdeckte. Die meisten hatten nur eine Kuh des kleinen Schwarzwälderschlags im Stall und daneben etwa ein Schaf und ein paar Schweine. Andere hielten bloss ein paar Ziegen. Pferde konnte sich einzig der Besitzer des Hofguts leisten.[7] In besonders arbeitsintensiven Zeiten wie der Heu- oder der Kornernte wurden zum Mähen oder Dreschen Personen im Taglohn angeheuert.[8]

Nach der Weinlese gingen viele Bauern «in die Fron». Die Fronsteuer, Vorgängerin der heutigen Einkommenssteuer, konnte in Bargeld oder mit Arbeit abgegolten werden. Die Fronordnung, die 1865 von der Gemeindeversammlung als Steuer genehmigt wurde, legte fest, dass Personen, welche die Steuer abverdienen wollten, sich jeweils im Januar auf der Gemeinde einschreiben mussten. Zur genauen Kontrolle hatte jeder Froner sein Fronheft mitzubringen und liess sich vom Bannwart die Arbeit einschreiben.[9] Bis in die erste Hälfte des 20. Jahrhunderts zogen es viele Bauern vor, der Gemeinde anstelle von Geld ihre Arbeitskraft zur Verfügung zu stellen.[10] Denn Geld floss damals nur wenig.

In Bettingen begnügte man sich mit einer Kuh als Zugtier. Die Fotografie von 1929 zeigt die Schwestern Sophie und Emma Schlup, die Rüben zum Markt karren. Die Dorfjugend posiert daneben. Wer einen Stier oder Ochsen als Zugtier besass, galt als bevorzugt. Der Gemeindepräsident Emil Schlup-Schultheiss hielt um 1940 noch als einziger im Dorf Stiere. Die Vergabe des Rechts, einen Zuchtstier zu halten, war mit Privilegien verbunden, die vom Gemeinderat überwacht und vom Präsidenten bewilligt wurden.[11]

Der Verkauf von landwirtschaftlichen Produkten war für die Bauernfamilien aufwändig. Die Ware musste, meist von den Frauen, bis zum Abendmarkt nach Riehen getragen und Händlern verkauft werden. Einige Bauernfrauen zogen es vor, ihr Obst und Gemüse auf dem Markt in der Stadt selbst zu verkaufen. Hedwig Dettwiler-Ammann schreibt in ihren Erinnerungen, dass Sophie Schlup ihr Gemüse bis ins Jahr 1955 auf den Markt nach Basel getragen habe. Eine grosse Erleichterung war es, als in den 1940er-Jahren ein Obst- und Gemüsehändler mit seinem Auto nach Bettingen fuhr und jeweils abends auf dem Lindenplatz den Bauern ihre Ware abkaufte.[12] Wer überschüssige Milch produzierte, brachte diese ins Milchhüsli, das mitten auf dem Dorfplatz stand.

Gemeindepräsident Emil Schlup um 1930. In der Bildmitte Stier Mäni.

VON TIEREN UND KINDERN

Tiere und Kinder waren Teil der landwirtschaftlichen Produktionsgemeinschaft. Des Präsidenten Stier hiess Mäni, das Huhn der Tochter des Taubstummen-Vaters Jeannette und das Pferd des letzten Bauern an der Oberen Dorfstrasse Liisi. Die Tiere waren Nahrungsquelle und Motor. Auch die Kinder konnten vielseitig eingesetzt werden, wie die Erinnerungen des Bettingers Fritz Frei-Weis an seine Jugend um 1910 deutlich machen: «Musste man einmal nicht aufs Feld, wurde einem das vollbeladene Märtwägeli anvertraut, und es hiess sich auf die Socken machen. Das war ein Morgenspaziergang! Zu Fuss gings dem Bettingerweg entlang bis zum Rhein. Dann weiter bis zum Barfüsserplatz. Dort wurde Markt gehalten. Für die Haushaltungskasse war das ein willkommener Zustupf. Es wurde alles verkauft, was man entbehren konnte. Im Frühjahr waren es Schlüsselblumen und Schneeglöckli. Im Juni die ersten Kirschen. Wir lernten schon sehr früh darauf zu achten, einen guten Marktpreis zu erzielen. Die Kirschen galten 10–20 Rappen das Kilo. Eier zu 10–20 Rappen das Stück. Wir hatten es noch nicht so gut, nach getaner Arbeit das Tram zu besteigen. Ein Autobus fuhr sowieso noch keiner. So hiess es halt wiederum zu Fuss nach Hause zurückzukehren und das Märtwägeli mit dem Schulsack zu vertauschen.»[13]

Selma Lüdin steht um 1980 vor ihrem Stall an der Oberen Dorfstrasse. Nach dem Tod ihres Bruders Fritz Lüdin 1983 musste sie den Landwirtschaftsbetrieb einstellen. Im umgebauten Ökonomiegebäude, wo einst Lüdins Kühe gemolken wurden, wohnt heute ein Gemeinderat.

BETTINGENS LETZTE BAUERNHÖFE

Die harte Arbeit auf den kleinen Landparzellen und die zunehmenden Möglichkeiten, mit Lohnarbeit Geld zu verdienen, führte zu einer rapiden Abnahme der Bauernbetriebe im 20. Jahrhundert. Der strukturelle Wandel des Dorfes gab zu denken. Im Februar 1947 veranstaltete der Lese- und Verkehrsverein Bettingen einen Abend zum Thema «Bettingens Zukunft als Bauerndorf». Ein Zürcher Fachexperte referierte über die Möglichkeiten, in Bettingen durch eine sinnvolle Zusammenlegung der kleinen Landparzellen eine bessere Bewirtschaftung des Bodens zu erreichen. Tags darauf berichtete die «National-Zeitung», der Redner glaube, dass oberhalb des Dörfchens wohl einige Bauernhöfe erstellt werden könnten, so dass die drohende Gefahr des Aussterbens der Bauernsame in Bettingen verhindert werden könnte. Eine Güterzusammenlegung lohne sich, weil beim Ziehen der Grenzfurche viel Ackerland auf den schmalen Parzellen unproduktiv werde.[14] Die Landbesitzer zeigten in der Diskussion wenig Interesse an diesem Vorschlag. Einerseits schätzten sie die Kosten zur Erstellung grösserer Höfe oberhalb des Dorfes als zu teuer ein, andererseits galt ihr persönliches Interesse dem lukrativeren Verkauf des Bodens als Bauland.

Der Landbedarf der Bauernbetriebe nahm stetig zu, so dass um 1950 deutlich wurde, dass nicht mehr als drei Höfe mit Vollbauernbetrieb im Dorf Platz fanden. Die Gemeinde beschloss, dass der Hof von Werner Spaar, an dessen Stelle heute der Dorfladen steht, der Hof von Fritz Lüdin an der Oberen Dorfstrasse und der Hof von Max Bertschmann-Jenny an der Hauptstrasse Richtung Chrischona nach Möglichkeit bestehen bleiben sollten. Die drei Bauern wurden zu Pächtern von frei werdenden Landparzellen. Um die Weiterführung seines Bauernbetriebs sicherzustellen, baute Hans Bertschmann-Müller 1952 für seinen Sohn Max eine grosse Scheune mit zwei Ställen, einem Futtergang in der Mitte und einem Tenn. Nach dem tragischen Unfall des Sohnes 1963 fand sich niemand, der den Hof weiterbetreiben wollte. Die grosse Scheune an der Hauptstrasse zeugt noch heute vom Versuch, Bettingen als Bauerndorf zu erhalten. Selma Lüdin stellte ihren Betrieb 1983 ein, und nur der Hof im Dorfzentrum blieb übrig.[15]

1992 kündigte die Zentrale Liegenschaftsverwaltung Basel-Stadt dem Pächter Werner Gerber den Vertrag für den Landwirtschaftsbetrieb an der Brohengasse auf März 1994. In der Stadt ging man davon aus, dass Bettingen, das ein verdichtetes Bauen im Dorfkern beabsichtigte, auf die Weiterexistenz des Bauernbetriebs verzichten wolle. Dank einer Volksinitiative kam es 1993 zu einer Resolution, die die Erhaltung des Bauernbetriebs im Dorfkern versichert. Dennoch musste Werner Gerber seine Schweinemast im Dorf aufgeben, seine Pläne für eine Schweinemast mit 260 Tieren im «Buchholz» wurden nicht genehmigt.[16] Erst die Neuausrichtung des Bauernbetriebs machte das nahe Nebeneinander mit der Wohngemeinde möglich. Der Hof mitten im Dorf nimmt das Obstlager, das Futterlager und die Maschinen auf. Zudem findet hier der Direktverkauf hofeigener Produkte statt. Ausserhalb des Dorfes entstanden eine Scheune und ein Stall für die Mutterkühe, die zusammen mit ihren Kälbern gehalten werden. Der letzte Hof im Dorf bewirtschaftet 47 Hektaren Land mit Mais, Weizen, Gerste sowie Wies- und Weidland. Seit der Übernahme der Pachtparzellen des aufgelösten Riehener Landpfrundhaus-Betriebes 2005 liegt ein Schwerpunkt bei der Obstwirtschaft mit Äpfeln, Zwetschgen und Mirabellen – insbesondere Hochstammbäumen.

HAUSARBEIT

Waschen, Kochen, Putzen, Flicken: Hausarbeiten gehören zum täglichen Leben, sind meist mit grossem Aufwand verbunden und werden nur direkt entlöhnt, wenn die Arbeit von einer Person verrichtet wird, die nicht zur Familie gehört. Damals wie heute zogen einige Bettingerinnen andere Frauen im Anstellungsverhältnis für die Hausarbeiten bei. So kam regelmässig die Näherin auf Stör. Sie hatte immer denselben Termin, stellte ihre Tretmaschine auf und flickte alles, was sich angesammelt hatte. Auch für die schwere Arbeit des Waschens und Bügelns wurden oft Frauen angestellt. Ein gemeinsames Waschhaus kannte Bettingen nicht. Noch Mitte des 20. Jahrhunderts kochten einige Bettingerinnen die Wäsche in einem grossen Waschkessel, den man einmal pro Monat vors Haus hinaustrug. Er konnte mit Holz beheizt werden. Hatte die Wäsche genügend lange gekocht, zogen die Frauen sie mit grossen Holzzangen aus dem Kessel. Gespült wurden die schweren Kleider und Tücher dann in einem Holzzuber oder beim Dorfbrunnen.[17] Elsa Stebler-Zuppinger erinnert sich daran, dass ihre Mutter in den 1940er-Jahren den Waschtag auf den Montag verlegte, weil das ihr freier Tag war als Verkäuferin.[18] 1950 liess Martha Bertschmann im Keller eine Waschmaschine einrichten. Ihre Mutter wollte das moderne Ding nie sehen. Heute ist die Hausarbeit weniger aufwändig. In vielen Häusern leben Menschen, die wenig zu Hause sind und viel Zeit bei der Arbeit verbringen. Ein grosser Teil der anfallenden Hausarbeiten wird von angestellten Raumpflegerinnen und Gärtnern übernommen. Da diese Anstellungsverträge meist auf privater Basis stattfinden, erscheinen sie kaum in offiziellen Statistiken.

GEWERBE UND DETAILHANDEL

Im einst ärmlichen Dorf, das weit von Durchgangsstrassen entfernt liegt, hat sich kaum ein Handwerker niedergelassen. Einzig die Leinenweberei als Hausindustrie kann im 17. Jahrhundert nachgewiesen werden.[19] Von den ortsansässigen Leuten betrieben einige die Posamenterei. Ab dem 18. Jahrhundert finden sich Hinweise auf Seidenfärber, Weber und Papierer, alles Berufe, die in den aufkommenden Industriebetrieben in Grenzach und Basel ausgeübt werden konnten.[20] Elsa Stebler-Zuppinger kann sich gut erinnern, wie die Verwandten von Bettinger Fabrikarbeitern, die in Grenzach angestellt waren, jeweils das Essen zum grossen Nussbaum am Hackberg brachten. Dort, auf halbem Weg zwischen den zwei Ortschaften, nahmen diese ihre Mahlzeit ein. So konnten die Fabrikler trotz des weiten Weges von zu Hause aus und damit günstiger verköstigt werden.[21]

KEIN GEWERBE

In Bettingen selbst konnte man die Betriebe, die einem lauten Gewerbe nachgingen, an einer Hand zählen. Hinter der alten Post befand sich die Esse von Posthalter Wilhelm Häner-Bertschmann. Dieser betrieb im Nebenerwerb eine kleine Schlosserwerkstatt, die von den Bauern gern aufgesucht wurde. «Wenn da oder dort im Stall beim Vieh etwas nicht in Ordnung war oder an Geschirr und Wagen eine Reparatur notwendig wurde, dann hiess es einfach: ‹Gang, hol dr Häner›», wurde zu seinem achtzigsten Geburtstag in der «Riehener Zeitung» vermerkt.[22] Max Dannacher und vor ihm sein Vater handelten mit Steinen aus dem eigenen Steinbruch, der heutigen Seckingergrube bei der Bushaltestelle Wyhlenweg. Aber auch sie waren Selbstversorger und hatten Hühner und Ziegen, die hinter dem Haus weideten. Heute befindet sich der einzige Gewerbetreibende an der Oberen Dorfstrasse. Das Unternehmen, das mit Zubehör für elektronische Kleingeräte handelt, vertreibt seine Artikel über mehrere Webshops und beliefert den Fachhandel.

GEMÜSE IM GARTEN, SALZ AUS DEM LADEN

Viele Läden gab es in Bettingen nie. Obst, Gemüse, Eier und Fleisch hatten alle auf dem eigenen Land. Bis in die erste Hälfte des 20. Jahrhunderts buken die meisten ihr eigenes Brot. Nur die Taubstummenanstalt und der Baslerhof bezogen Ware vom Bäcker in Riehen.[23] Der Metzger kam im November auf Stör und ging von Haus zu Haus. Für die Kinder war dieses Ereignis in den 1930er-Jahren ein Fest, sie durften die Würste austragen. Bei vielen Familien hingen Würste und Speckseiten im offenen Rauchfang in der Küche.[24]

Lange Zeit gab es an der Oberen Dorfstrasse den Laden von Emil Senn-Senn. «Senne-Miggi» verkaufte Zuckerstöcke, Reis, Hülsenfrüchte, Erbsenmus, Kaffee und Salz. Schuhe und Kleider musste man in Riehen kaufen. Beim Milchhüsli auf dem Dorfplatz konnte im Eimerchen Milch holen, wer selbst keine Kuh oder Geiss besass.

Die Handlung von Emil Senn-Senn
um 1917

Der Störmetzger Ernst Grütlin um 1930
(rechts)

Der Dorfladen gleich bei der Bushaltestelle, hier im Jahr 2008, nimmt im Dorf einen zentralen Platz ein. Der Grosseinkauf am Wochenende, die grosse Mobilität der Konsumentinnen und Konsumenten sowie attraktive Einkaufsmöglichkeiten in Riehen oder im grenznahen Ausland lassen die Kundschaft jedoch immer kleiner werden. Mit gezielter Unterstützung und Aufrufen an die Bevölkerung bemüht sich der Gemeinderat darum, den Dorfladen in Bettingen zu erhalten.

VOM ALLGEMEINEN CONSUMVEREIN ZUM DORFLADEN

«Draussen in Bettingen – dem einzigen Dorf, das der kleine Kanton heute noch besitzt – galt es, anstelle eines Bauernhauses ein der bedeutsamen Konsumentenorganisation würdiges Heim zu errichten und bei dieser Gelegenheit gleich noch einige Räume für die Gemeindeverwaltung und die PTT zu schaffen», schrieb die «Genossenschaft», Vorgängerin der «Coop-Zeitung», am 30. November 1957. Der in diesem Jahr erstellte Neubau des Allgemeinen Consumvereins (ACV) in Bettingen gleich bei der Busschlaufe war für das Dorf wichtig. Die wachsende Bevölkerung war mit dem Verschwinden der Ziegen, Hühner und grossen Gemüsegärten zunehmend auf gekaufte Produkte angewiesen. Der ACV betrieb den Dorfladen bis 1975. Als dieser sich als nicht mehr rentabel erwies, kaufte die Gemeinde die Liegenschaft und vermietete den Laden einem Detaillisten, der Anschluss fand bei der Usego, der Einkaufsgenossenschaft der schweizerischen Detaillisten. Von 1979 bis 2004 führte ein Ehepaar den Dorfladen, zeitweise mit Familienmitgliedern aus drei Generationen. Nebst frischem Brot und Käse bot der Dorfladen auch Hauslieferungen und Apéro-Platten an. Zudem wurde eine Kooperation mit einer Chemischen Reinigung aufgebaut.

2003 wurde die Usego an Rewe verkauft, diese gab die Detailgeschäfte bald an Volg weiter, die umsatzschwache Kleinläden dann aber in die ungewisse Selbstständigkeit fallen liess. Nun stand in der Gemeinde die Schliessung des Dorfladens zur Debatte. Der Leserbrief des Heimweh-Bettingers Werner Bertschmann-Béliveau aus Bubendorf verdeutlicht die Anhänglichkeit der Bettingerinnen und Bettinger an «ihren» Dorfladen: «Bitte lasst diesen Laden jetzt nicht auch noch verschwinden, wehrt euch! Ansonsten komme ich zurück und setze mich selbst ein für die unermüdlichen Seelen dieses Ladens, die da heissen Kurt und Irene Neuenschwander mit Sohn Daniel, die teilzeitbeschäftigte Frau Recher und alle Übrigen, die sich tagtäglich um das Bestehen dieses Ladens kümmern.»[25] Nach der Pensionierung des langjährigen Pächterpaars versuchten sich weitere Pächter, jedoch ohne anhaltenden Erfolg. Dann ging die Gemeinde als Besitzerin der Liegenschaft eine kurze Partnerschaft mit der Einkaufsgenossenschaft Minimarché ein, die im Jura entstanden war und in der Deutschschweiz unter dem Namen «Treffpunkt» Fuss zu fassen versuchte. Bis heute bleibt das Überleben des kleinen Ladens im Dorf ein Dauerthema. Seit 2006 wird er von der Firma Spar beliefert und aktuell von Sivarupan Ponnuthurai geführt.

«Die Physiotherapie ist mein Traumberuf. Ich habe immer gesagt, das mache ich bis hundert. Und immerhin habe ich jetzt schon ein rechtes Alter.» Schwester Myrtha lacht fröhlich. Seit 1995 betreibt die zum Diakonissen-Mutterhaus St. Chrischona gehörige Schwester eine Praxis als selbstständige Physiotherapeutin. Ihre Klientel kommt vom Dorf und vom Berg in den Therapieraum im Feierabend- und Pflegeheim. Ausser an zwei Nachmittagen, an denen sie mit den Hausbewohnerinnen in ihren Zimmern, auf dem Balkon oder im Garten Übungen macht, arbeitet sie fast jeden Tag hier. Schwester Myrtha macht keine Inserate. Ihre Praxis wird über Mundpropaganda empfohlen. «Dass die alten Menschen fit bleiben und Freude haben, ist das Wichtigste. Wir lachen immer viel, da kommen die Bauchmuskeln dran.» Bei der Arbeit in ihren Gymnastikgruppen oder in der Einzelbetreuung ist der Schwester nicht nur die körperliche Unterstützung, sondern auch ein geistlicher Akzent wichtig. «Ich habe noch nie einen Patienten gesehen, der simuliert. Es findet sich immer etwas, das Schmerzen verursacht.» Schwester Myrtha empfiehlt ihrer Klientel kleine Programme, die einfach in den Alltag integriert werden können. Ihr Ziel ist es, den Menschen ins Lot zu bringen. Dabei kann auch mal ein Gebet helfen. «Das Gebet schafft ein Umfeld und eine Beziehung. Das ist ein Geheimnis, über das manch eine lächeln mag, aber es hat eine grosse Wirkung.» Wenn Schwester Myrtha mit ihren Patientinnen und Patienten arbeitet, nimmt sie keinen Unterschied zwischen denjenigen aus dem Dorf und denen vom Berg wahr. Sie geniesst die unglaubliche Freundlichkeit ihrer Klientel, wie sie sagt. Das rührt wohl nicht zuletzt von der Begeisterung der Therapeutin selbst her – und vielleicht vom Gebet, mutmasst sie selbst. 1961 trat die Zwanzigjährige in das Diakonissenhaus ein und lernte zunächst Psychiatrieschwester. Mit dreissig wurde sie zu einer dreijährigen Physiotherapie-Ausbildung im Basler Bethesda-Spital berufen – eine zweite grosse Ausbildung für die junge Frau mit wenig Schulbildung, deren Vater früh starb. Seither ist die Physiotherapie ihr Beruf und ihr Hobby zugleich. Auch wenn sie 1991 nochmals die Schulbank drücken musste

SCHWESTER MYRTHA SPÖRRI

damit sie dreiundfünfzigjährig an der von den Chrischona-Schwestern gegründeten Altenpflegeschule Manoah in Lörrach zum ersten Mal vor eine Schar junger Pflegeschülerinnen und -schüler trat, blieb sie der Physiotherapie treu. Bereits 1995 begann sie ihre Praxis auf St. Chrischona aufzubauen. Morgens unterrichtete sie, nachmittags arbeitete sie als Therapeutin.

«Ich habe einfach viele Kräfte, ich brauche bis heute keine Mittagspause», staunt Schwester Myrtha selbst über ihre Energie. Den Weg von der Schule in Lörrach, wo sie noch zwei Stunden unterrichtet, auf die Chrischona verbindet sie mit Hausbesuchen in Bettingen. «Es ist schön, die Leute zu Hause zu sehen, und es ist wichtig, sie dort begleiten zu können.» Seit Schwester Myrtha ihre Praxis betreibt, hat sich der Kontakt vom Berg zum Dorf verstärkt. «Die Beziehung zu Bettingen ist für uns gut. Im Gegensatz zu einer grossen Praxis gibt es bei mir keinen Wechsel», lacht sie. Ihr Händedruck zum Abschied ist kräftig. Therapeutin bis hundert? Durchaus keine Unmöglichkeit.

Die meisten Menschen, die in Bettingen arbeiten, sind im Gesundheitssektor angestellt. Fast alle arbeiten auf der Chrischona, im Rehabilitationszentrum des Basler Bürgerspitals, der Reha Chrischona oder im Pflegeheim des Diakonissen-Mutterhauses der Pilgermission. Im Dorf selbst gibt es hingegen bis heute weder Ärztin noch Arzt.

DÖRFLICHE GESUNDHEITSVERSORGUNG

Zur Ärztin oder zum Arzt gehen die Bettingerinnen und Bettinger seit Jahrzehnten nach Riehen. Bis nach dem Zweiten Weltkrieg war der Weg weit, besonders wenn man sich nicht wohlfühlte oder ein Gebrechen hatte. Nur in Notfällen rief man vom einzigen Telefon im Dorf aus in Riehen an oder holte den Doktor zu Fuss oder mit dem Fahrrad. Meist pflegte man sich mit Hausmitteln oder holte sich Rat bei erfahrenen Dorfbewohnerinnen. Die Pflege gehörte zum häuslichen Aufgabenbereich der Frauen und Mädchen. Bis 1922 beschäftigte die Gemeinde eine Hebamme, welche die Frauen während der Schwangerschaft, der Geburt und im Wochenbett betreute. Martha Bertschmann war das letzte Kind, das von ihr zur Welt gebracht wurde. Das Töchterlein des damaligen Gemeindepräsidenten Emil Schlup-Schultheiss war das erste Bettinger-Baby, das 1919 im Spital Riehen zur Welt kam. Später erblickten die meisten Dorfkinder das Licht der Welt im Frauenspital Basel.[26]

REHA CHRISCHONA

Die grösste Arbeitgeberin in Bettingen ist die Reha Chrischona, eine Institution des Bürgerspital Basel. Die freie und ruhige Lage auf der Chrischona war bekannt für ihre gesunde, sonnige und staubfreie Luft. Bereits 1905 hatte das Pflegeamt des Bürgerspitals dort den Bau eines Sanatoriums ins Auge gefasst und von der Bettinger Bürgergemeinde Land am Wyhlengraben im Umfang von vier Hektaren und fünfundfünfzig Aaren gekauft.[27] Aber erst als in den 1960er-Jahren die Merian-Villa in Brüglingen nicht mehr dem Zweck der Rekonvaleszenz dienen konnte, kam das Bürgerspital auf den Standort Bettingen zurück. Im Oktober 1966 öffnete die 6,5 Millionen Franken teure Rekonvaleszentenstation, die damals nur Frauen aufnahm, ihre Tore. Begeistert schrieben die «Basler Nachrichten» am 7. Oktober 1966: «Und wo könnten sie rascher wieder zu Kräften kommen als in der frischen Luft in der Höhe über Basels Bergdorf Bettingen, in der von den Sorgen des Alltags befreiten Ruhe dieser friedlichen Stätte mit ihrem herrlichen Blick hinaus in die Weite hinunter in die Ebene und auf den glitzernden Strom?» Mit der Eröffnung der modernen Klinik begann schlagartig eine Vielzahl von Arbeitenden nach Bettingen zu pendeln. Einige zogen sogar arbeitsbedingt ins Personalwohnhaus mit seinen zwei Dienstwohnungen im Erdgeschoss und im ersten Stock sowie vier Hausmädchenzimmern mit je zwei Betten im Dachgeschoss. Neben dem Haus- und Küchenpersonal erforderte der Betrieb der Klinik zu Beginn drei Schwestern.[28]

Nach einer Aufstockung der Bettenzahl konnten ab 1972 auch Männer betreut werden. In den 1980er-Jahren betrieb die Klinik fünfundachtzig Betten, davon zehn Privatbetten. 1990 wurde der gesamte Bau innen und aussen total renoviert und die Umgebung neu gestaltet. Nun fanden fünfunddreissig Geriatrie- und zweiundvierzig Rehabilitationspatientinnen und -patienten Aufnahme.

Der 1990 angelegte, einzigartige Naturgarten der Reha Chrischona mit seinen stufenweise angeordneten Weihern und zahlreichen Spazierwegen wurde von der Stiftung «Natur und Wirtschaft» mit einem Preis ausgezeichnet. Die naturnahe Gestaltung des Gartenareals gehört zum ganzheitlichen Konzept der Klinik.

Nebst Ärztinnen, Ärzten und dem Pflegeteam waren nun auch Personen in der Physio- und Ergotherapie sowie in der Ernährungsberatung und im Aufgabenbereich der Sozialarbeit angestellt. 1999 gab sich das damals «Chrischonaklinik» genannte Zentrum eine Neuausrichtung: Mit einem modernen Therapiebad und dem Namen «Reha Chrischona» wollte sie ihren Auftritt verjüngen, sich «dynamisch und sportlich» zeigen.[29] 2009 bot die Reha Chrischona 77 Betten an und hatte mit 97,6 Prozent eine sehr hohe Auslastung.[30]

PFLEGE- UND FEIERABENDHAUS DES DIAKONISSEN-MUTTERHAUSES ST. CHRISCHONA

Das Diakonissen-Mutterhaus St. Chrischona wurde 1925 als Zweig der Pilgermission gegründet, da sich die Absolventinnen der Bibelkurse «Im Haus zu den Bergen» ein eigenes Mutterhaus als Heim und Weiterbildungsstätte wünschten. Zudem beobachteten die Brüder der Pilgermission in den Städten Bedürfnisse und Aufgaben, die sie kaum noch selber zu bewältigen vermochten. Sie baten darum, dass man auf Chrischona ein Mutterhaus mit einer Schule für Diakonissen einrichten möge.[31] Nebst der Arbeit in Gemeinden wurden die Diakonissen in Kliniken, Altersheimen und Spitälern, aber auch im Kindergarten in Bettingen eingesetzt. Die Diakonissen leben nach den drei «evangelischen Räten» – Anspruchslosigkeit, Ehelosigkeit, Sendungsprinzip – und nach dem Prinzip der Gütergemeinschaft mit gemeinsamer Kasse. «So gehört es zur klassischen Gestalt der Mutterhausdiakonie, in Form von Taschengeld eine heitere Unabhängigkeit vom Zwang des Vergleiches und der Anpassung zu leben», schrieb die vormalige Oberin des Werkes, Schwester Elisabeth Seemann.[32] Mit dem Bau des neuen Mutterhauses 1952 entstand das Alters- und Pflegeheim für betagte Diakonissen. 1994 erteilte der Kanton dem Diakonissen-Mutterhaus St. Chrischona eine Baubewilligung für einen Neubau desselben. Die Gemeinde Bettingen äusserte den Wunsch nach acht bis neun Heimplätzen und wurde in die Planung miteinbezogen.[33] 2002 wurde das «Feierabend- und Pflegeheim St. Chrischona» fertig gestellt. Vier bis sechs Betten der insgesamt zweiunddreissig Pflegeplätze sind für Bettingerinnen reserviert.

[1] Gespräch mit Johannes Wenk-Madoery, 14.04.2010, und Gespräch mit Willi Bertschmann-Unholz, 10.02.2010.

[2] Gespräch mit Martha Bertschmann, Marie Häner-Schlup, Elsa Stebler-Zuppinger und Lily Tschanz-Wagner, 06.04.2010.

[3] Gespräch mit Anna Tanner-Frei, 31.03.2010.

[4] Sammlung Michael Raith: Ordner 2, Bettingen und St. Chrischona, Verzeichnis der selbständigen Einwohner 1913.

[5] National-Zeitung, 21.06.1963.

[6] Statistisches Amt Basel, Eidgenössische Betriebszählung 2008.

[7] Iselin 1963, S. 53f.

[8] Dettwiler-Ammann 2005.

[9] Iselin 1963, S. 68.

[10] Gespräch mit Martha Bertschmann, Marie Häner-Schlup, Elsa Stebler-Zuppinger und Lily Tschanz-Wagner, 06.04.2010.

[11] StABS: Gemeindearchiv Bettingen, A 1,17: Zuchtstier, Ziegenbock etc., Pachtverträge, 1890–1933.

[12] Gespräch mit Willi Bertschmann-Unholz und Anna Tanner-Frei, 28.08.2010.

[13] Mein Grossvater erzählt aus seiner Jugendzeit», Aufsatz von Theresia Buchweiser-Tanner für die Schülerzeitung Bettingen, Abdruck in: Riehener Zeitung, 25.05.1973.

[14] National-Zeitung, 04.02.1947.

[15] Gespräch mit Willi Bertschmann-Unholz, 11.02.2010.

[16] Riehener Zeitung, 21.04.1995.

[17] Dettwiler-Ammann 2005.

[18] Gespräch mit Martha Bertschmann, Marie Häner-Schlup, Elsa Stebler-Zuppinger und Lily Tschanz-Wagner, 06.04.2010.

[19] Iselin 1963, S. 56.

[20] Ebd..

[21] Gespräch mit Martha Bertschmann, Marie Häner-Schlup, Elsa Stebler-Zuppinger und Lily Tschanz-Wagner, 06.04.2010.

[22] Riehener Zeitung, 11.11.1966.

[23] Dettwiler-Ammann 2005.

[24] Gespräch mit Martha Bertschmann, Marie Häner-Schlup, Elsa Stebler-Zuppinger und Lily Tschanz-Wagner, 06.04.2010.

[25] Riehener Zeitung, 30.03.2001.

[26] Gespräch mit Martha Bertschmann, Marie Häner-Schlup, Elsa Stebler-Zuppinger und Lily Tschanz-Wagner, 06.04.2010.

[27] Iselin 1963, S. 81.

[28] Basler Nachrichten, 07.10.1966.

[29] Rytz 2010, S. 30.

[30] Vademekum der Basler Privatspitäler 2009.

[31] URL: www.inforel.ch/i1040.html, Zugriff: 26.10.2010.

[32] Pilgermission St. Chrischona 1980, S. 52.

[33] Bettinger Nachrichten, 11.2000.

Schulhof mit Kindern im Jahr 1963

SCHULE UND FREIZEIT

Seit in Bettingen 1740 der erste Schulunterricht abgehalten wurde, ist die Aufgabenteilung zwischen Kanton und Gemeinde ein Dauerthema. Die Schulstunden fanden in wechselnden Privaträumen statt, bis die Gemeinde 1825 ein Haus erwerben konnte, um eine Schule einzurichten. Nach längeren Verhandlungen ist Bettingen seit 1995 für den Kindergarten und seit 2009 für die Primarschule selbst verantwortlich. Neben der Schule war die Taubstummenanstalt in der ersten Hälfte des 20. Jahrhunderts eine wichtige Bildungsinstitution, die Kinder aus der ganzen Deutschschweiz und dem nahen Ausland aufnahm. Für eine aktive Freizeitgestaltung, ein kulturelles Angebot und gemeinnützige Zwecke setzen sich seit Ende des 19. Jahrhunderts mehrere Vereine ein.

Schulklasse im alten Schulhaus mit Lehrer Ernst Salathé in den 1930er-Jahren

Schulklasse im Pavillon mit Lehrer Hanspeter Kiefer-Volkart in den 1970er-Jahren

Wie andernorts gab es auch in Bettingen Schulunterricht, lange bevor das erste Schulhaus gebaut wurde. An den verschiedenen Räumlichkeiten, in denen der Unterricht stattfand, lässt sich der Wandel des Bildungssystems ebenso ablesen wie an den finanziellen Ressourcen, die dafür zur Verfügung standen.

FUNKTIONALITÄT, BETON UND GLAS

Das heutige Schulhaus, ein moderner Zweckbau aus Beton an der Hauptstrasse, wurde 1974 offiziell eingeweiht, die Turnhalle ein Jahr zuvor. Am gleichen Ort hatte bereits sein Vorgängerbau gestanden. Nach den ursprünglichen Plänen sollte es ein Flachdach erhalten, was vom Gemeinderat aber abgelehnt wurde.

Bereits in den 1960er-Jahren war der Vorgängerbau zu klein geworden und entsprach den Anforderungen an einen zeitgemässen Unterricht nicht mehr. Regelmässig mussten deshalb Schülerinnen und Schüler der vierten Klasse nach Riehen ausweichen, wo sie auf verschiedene Klassen verteilt wurden. Ein roter Holzpavillon, der 1967 hinter dem alten Schulhaus aufgestellt wurde, diente als provisorische Erweiterung, bis der Grosse Rat 1970 einen Kredit von 3,35 Millionen Franken für das neue Bettinger Schulhaus bewilligte, der schliesslich massiv überschritten wurde. Die Gemeinde übernahm die Kosten für eine Küche und eine Bühne in der Turnhalle, die auch als Raum für Gemeindeversammlungen und Vereinsanlässe dient. Im Hauptgebäude wurden neben vier Klassenzimmern zwei Kindergartenräume, ein Raum für die Lehrpersonen, ein Pausenraum und ein Bibliothekszimmer eingerichtet. Ein früheres Projekt hatte für Unter- und Mittelstufe insgesamt achtzehn Klassenzimmer vorgesehen, wurde aber fallen gelassen, als der Bau des Gymnasiums Bäumlihof beschlossen worden war.[1] Nach dem Bau und Bezug des neuen Schulhauses auf dem nördlichen Teil des Areals wurden das alte Schulhaus und der Pavillon abgerissen.

Auffällig ist der grosse Glockenturm des Architekten Gerhard Kaufmann, der 1977 mit finanzieller Unterstützung des Bundes und des Bettinger Frauenvereins errichtet wurde, um den Glocken und dem Uhrwerk des alten Schulhauses wieder einen Platz zu geben. Er ersetzt gewissermassen den nicht vorhandenen Kirchturm in Bettingen. Die Glocken schlagen stündlich, seit 1980 nur noch tagsüber, nachdem die Gemeindeversammlung einen Antrag auf Stilllegung des Glockenschlags zwischen zweiundzwanzig und sechs Uhr gutgeheissen hatte. Bei der Uhr handelt es sich um die ehemalige Turmuhr der Kirche Kleinhüningens, die seit 1917 am Bettinger Schulhaus die Zeit anzeigte. Die Glocken läuteten jeweils um halb zwölf und riefen die Leute auf dem Feld zum Mittagessen.[2]

ÄLTERE SCHULHÄUSER

Der Vorgängerbau des heutigen Schulhauses mit dem charakteristischen Glockentürmchen auf dem Dach wurde am 1. Juli 1868 eingeweiht. Im Erdgeschoss befanden sich zwei Schulzimmer für insgesamt siebzig Schülerinnen und Schüler und ein weiteres für fünfundzwanzig Arbeitsschülerinnen. Ein kleineres Zimmer stand für die Sitzungen des Gemeinderats und das Gemeindearchiv zur Verfügung. Im ersten Stock befand sich die Lehrerwohnung. Die Kosten von rund 23 000 Franken wurden zu zwei Dritteln vom Kanton übernommen, den Rest bezahlte die Gemeinde.[3] Als die Bevölkerung Ende des 19. Jahrhunderts stark wuchs, wurde dieses Gebäude zu klein. Die beiden obersten Klassen mussten nach Riehen zur Schule, dasselbe galt für den Turnunterricht aller Bettinger Schülerinnen und Schüler. Nachdem sich die Gemeinde in Basel beklagt hatte, liess das damalige Erziehungscollegium die Unterrichtsräume erweitern und stellte eine zweite Lehrperson ein. Der Gemeinderat verlor damit sein Sitzungszimmer und das Gemeindearchiv musste in einem Schulzimmer untergebracht werden. Auf Gesuch des Landschulinspektors wurde 1895 eine Turnhalle gebaut – samt einem Anbau mit einem Gemeinderatszimmer und einem zusätzlichen Schulraum.[4] Zuvor hatte der Unterricht im heute noch bestehenden Haus an der Oberen Dorfstrasse 22 stattgefunden, das die Gemeinde 1825 zu diesem Zweck erworben hatte.

SCHULSTUFEN UND AUFGABENTEILUNG

Gemäss dem «Gesetz über die Organisation der Landschulen» von 1839 bildeten Kleinhüningen, Riehen und Bettingen zusammen einen Inspektoratsbezirk. Die Landschulen waren in vier Stufen eingeteilt. Auf die Elementarschule für die Sechs- bis Zwölfjährigen folgte die Repetierschule bis zur Konfirmation. Dort wurden die Grundkenntnisse im Schreiben, Lesen und Rechnen an Nachmittagen oder Abenden vertieft, da die Kinder neben der Schule bereits fest ins Arbeitsleben eingebunden waren. Mit dem Schulgesetz von 1880 wurde die Repetierschule in Sekundarschule umbenannt. Die folgende Stufe teilte sich in eine Arbeitsschule für Mädchen und in eine Fortbildung- oder Abendschule für Knaben. Eine Sekundarstufe gab es in Bettingen bis 1935. Grund für ihre Schliessung war die fünf Jahre zuvor eröffnete Busverbindung nach Riehen.

Ab 1839 mussten Bettingen, Kleinhüningen und Riehen selbst für den Bau und Unterhalt der Schulen aufkommen. Eine Entlastung brachte das revidierte Gesetz von 1860, wonach der Kanton einen Teil der Kosten übernahm. Der Bau und Umbau von Schulhäusern musste jedoch von der Basler Regierung genehmigt werden.[5] Die finanzielle Belastung für die Landgemeinden blieb dennoch enorm und trieb sie an den Rand des Ruins – zusammen mit anderen kommunalen Aufgaben, welche die Modernisierung mit sich brachte, wie die Einführung der Kanalisation, der Strassenbau und die Elektrizitätsversorgung. Obwohl Bettingen nie explizit wünschte, seine Geschäfte an den Kanton abzugeben, wie dies in Riehen mehrmals der Fall war, übernahm der Kanton gegen Ende des 19. Jahrhunderts viele kommunale Aufgaben.

Als Riehen und Bettingen nach dem Zweiten Weltkrieg zu attraktiven Wohnorten wurden und die Steuereinnahmen stetig anstiegen, arbeiteten sie darauf hin, einst delegierte Aufgaben wieder vom Kanton zu übernehmen. Beim Wunsch nach mehr Autonomie ging es den Gemeinden auch darum, ihren Steuersatz selbstständig bestimmen zu können.[6] Die Kosten, die Bettingen dem Kanton ab den 1980er-Jahren sukzessive abnahm, reichen von den Abgaben an die Kehrichtverbrennung bis zum Verzicht auf die Subvention ans Gartenbad. Der weitaus grösste Posten sind indessen die Ausgaben für Schulen und Kindergärten. 1983 erklärte sich Bettingen zusammen mit Riehen bereit, selber für die Kindergärten aufzukommen. Die Vorlage für eine entsprechende Gesetzesänderung wurde aber im folgenden Jahr vom Grossen Rat abgelehnt und kam erst 1995 zustande. Ebenso wie beim Grossratsbeschluss zur Kommunalisierung der Primarschulen in Bettingen und Riehen im Jahr 2009 hatte sich im Vorfeld Widerstand bei den Lehrpersonen gebildet. Mit der neuen Regelung wurden sie von Kantons- zu Gemeindeangestellten und befürchteten trotz vertraglich geregelter Besitzstandswahrung Lohneinbussen und eine Einschränkung ihrer Berufsperspektiven. Seit 2008 ist auch die ausserschulische Tagesbetreuung von Kindern in Riehen und Bettingen Sache der Gemeinden.[7]

«Hier ist die Waschküche, die ich für den Turnunterricht als Garderobe nutzte», sagt Hanspeter Kiefer-Volkart und zeigt auf ein Schwarzweissfoto des alten Bettinger Schulhauses, wo er 1964 frisch ab Lehrerseminar seine erste Schulklasse übernahm. Im Schulhaus wohnte damals noch der Lehrer Paul Schäublin mit seiner Frau. Zusammen mit ihm war Hanspeter Kiefer für die Bettinger Primarschule verantwortlich.

Bei aller Begeisterung, die dem Achtundsechzigjährigen heute noch anzumerken ist, wenn er vom Unterrichten erzählt: 1970 war es Zeit für einen Wechsel. Grund war die verlockende Gelegenheit, als Reiseleiter eines «rollenden Hotels» die Welt zu erkunden. Auf einer Testreise durch England fing er Feuer, in den folgenden zwei Jahren war er auf vier Kontinenten unterwegs. Der Bus seiner Reisegruppe zog einen Anhänger mit Schlaf-kajüten hinter sich her – rund ums Mittelmeer, quer durch Nordamerika, später auf dem Land-weg von New York nach Rio de Janeiro. «Der Komfort war bescheiden, aber in manchen Ge-genden waren wir froh, unsere eigenen Betten dabeizuhaben.»

Im November 1971, kurz vor der Abreise nach Nairobi, erreichte ihn ein Brief des Rektorats der Landschulen: Herr Schäublin lasse sich auf Ende Schuljahr pensionieren. Falls er dessen Klassen übernehmen wolle, solle er sich sofort melden. Ein Dilemma für Hanspeter Kiefer: «Aber ich kam zum Schluss, dass ich doch eher der Typ für ein normales Leben bin. Auf mei-nen Reisen war ich zwar an den schönsten Or-

HANSPETER KIEFER-VOLKART

ten der Welt, aber nie mit den Menschen, die ich selber gewählt hatte. So wurde ich ein bisschen beziehungslos.» Aus der Distanz wurde ihm klar, wie viel ihm Bettingen und sein Beruf bedeute-ten. «Als Lehrer war man eine Persönlichkeit hier oben, anders als an einer grossen Schule. Ich hatte gute Beziehungen zu Schülern und Eltern.» Auch später, als er sein Pensum zugunsten neuer Aufgaben als Konrektor und Politiker verkleinerte, war es immer noch das Unterrichten, das ihm am meisten am Herzen lag.

Er bezeichnet sich als Harmonie liebenden Menschen. Im Klassenzimmer habe er für ein ent-sprechendes Klima gesorgt. Als Konrektor und Politiker hingegen sei er oft zwischen den Fronten gestanden. Konflikte gab es aber auch in seinen Schulklassen. Etwa in den 1980er-Jahren, als es immer wieder vorkam, dass die Kinder der Alteingesessenen diejenigen der Zugezogenen ver-prügelten. «Da griff ich hart durch und sagte den Eltern, dass ich das nicht akzeptiere. Nach einer Weile hörte es zum Glück wieder auf», erinnert er sich.

Ihn selber zog nicht nur der Beruf, sondern auch die Liebe nach Bettingen. Nach der Rückkehr von einer Reise traf er am Riehener Dorffest seine ehemalige Schulkollegin und spätere Frau Esther Volkart. 1979 zog er mit ihr in ihr Elternhaus an die Obere Dorfstrasse. Seit ein paar Jahren unter-nimmt er wieder längere Reisen mit dem «rollenden Hotel». Diesmal als Gast. Zum Glück habe seine Frau daran ebenso «dr Plausch» wie er, sagt er und lässt ein ansteckendes Lachen hören. Die Entscheidung für die Sesshaftigkeit hat er nie bereut.

ANFÄNGE DER SCHULE IN BETTINGEN

Im Jahr 1595 sprach eine Delegation aus Riehen und Bettingen beim Rat in Basel vor mit der Bitte, eine Steuer erheben zu dürfen, um für die Jugend eine Schule einzurichten. Wenig später fand in Riehen der erste Schulunterricht statt. Spezielle Räume dafür gab es noch nicht, erst 1623 konnte am Erlensträsschen eine geeignete Liegenschaft erworben werden.[8] In Bettingen wurde ab 1740 für alle Kinder, die nicht nach Riehen gehen wollten oder konnten, ein sehr einfacher Unterricht angeboten. Gemäss Rechnungen des Deputatenamts erhielt die erste Schulmeisterin Bettingens ab 1766 für ihren Dienst fünf Pfund pro Jahr. Nach ihrem Tod übernahm ihr Sohn die Stelle vorübergehend, danach stand wieder eine Frau der Dorfschule vor. 1798 wurde sie von einem Hilfslehrer aus Riehen abgelöst, der die Bettinger Schule im Nebenamt betreute. Das Einkommen für diese Aufgabe betrug neunzig Franken zuzüglich sechzig Franken Schulgeld. Im folgenden Jahr, als die Einwohnerschaft Bettingens 57 Kinder im schulpflichtigen Alter zählte, wurde eine besser bezahlte Stelle geschaffen. Der Unterricht fand aber immer noch in einem Privathaus statt. Erst 1825 wurde an der Oberdorfstrasse 22 ein Gebäude zu Schulzwecken erworben.[9]

VON DER BEWAHRANSTALT ZUM KINDERGARTEN

Der Kindergarten Bettingen geht auf eine sogenannte «Kleinkinderbewahranstalt» zurück, die der Gründer der Pilgermission, Christian Friedrich Spittler, 1850 initiiert hatte und die zunächst in Privaträumen untergebracht war. Nach dem Wegzug der ersten Betreuerin musste die Kleinkinderschule geschlossen werden. Auf Anregung der Pilgermission wurde sie 1877 wieder eröffnet. Zehn Jahre später regte diese an, ein Gebäude für diesen Zweck zu errichten. Die Gemeinde stellte einen Bauplatz am Talweg zur Verfügung und übernahm die Kosten für den Spielplatz. Die Pilgermission kam für das Gebäude auf. Für den Eintritt in den Kindergarten galt das Mindestalter von drei Jahren und die Bedingung, dass die Kinder keine Windeln mehr brauchten.[10]

1963 liess der Kanton am Bündtenweg ein neues Kindergartengebäude bauen, das nötige Land erwarb er von der Gemeinde. Der alte Kindergarten wurde 1968 abgebrochen. Wegen stark gestiegener Kinderzahlen musste 1972 ein zweiter Kindergarten im alten Schulhaus eingerichtet werden.

Die Trägerschaft blieb bis zur Übernahme durch die Gemeinde Bettingen im Jahr 2009 die religiös geprägte Stiftung «Kleinkinderschule Bettingen». Für die Anstellung der Lehrpersonen war eine Kommission zuständig, die ein Pfarrer präsidierte. Der Kindergarten wurde mit Beiträgen des Kantons, der Einwohner- und Bürgergemeinde Bettingen sowie mit privaten Spenden finanziert.[11] Ausserdem brachten die Kinder jeden Monat einen «Schulbatzen» mit. 1992 wurde wegen gestiegener Kinderzahlen ein zusätzlicher staatlicher Kindergarten eingerichtet. Dieser fand im ersten Jahr im Kirchlein, später im Schulhaus Platz und war bis 2003 in Betrieb.

Innenaufnahme des
Kindergartens kurz nach
der Eröffnung 1963

Kleinkinderschule mit
Schwester Rosa in den
1930er-Jahren

VON DER TAUBSTUMMENANSTALT ZUM WOHNHAUS

Die Taubstummenanstalt, 1859 ebenfalls von Christian Friedrich Spittler gegründet, befand sich in der heute noch bestehenden Liegenschaft an der Brohegasse 9. Ursprünglich stand hier ein schlichtes Bauernhaus, das Geburtshaus des späteren Gemeindeschreibers Elias Weiss-Krebs. Unter der Leitung von Wilhelm Daniel Arnold, dem Inspektor der Riehener Taubstummenanstalt, wurde sie zu einer Handwerkerschule für schulentlassene Zöglinge der Riehener Anstalt

Die Taubstummenanstalt um 1900 mit Zöglingen, Hausangestellten, Lehrpersonen, Mitgliedern des Komitees und dem Leiter Heinrich Germann und Gattin (vorderste Reihe, Mitte)

umgebaut. Mangels geeigneter Lehrkräfte musste die Schule mehrmals geschlossen werden, bis ihr Heinrich Germann, Schulleiter von 1877 bis 1901, eine neue Ausrichtung gab. Sie nahm nun sogenannt schwachbegabte Taubstumme aus der ganzen Schweiz auf. Ein Komitee, dem prominente Männer aus Basel und Riehen angehörten, knüpfte Verbindungen zu Geldgebern, die Schule finanzierte sich grösstenteils über Spenden. Ab 1930 wurden zunehmend auch hörende Kinder aufgenommen, die dem normalen Schulunterricht nicht folgen konnten. Von 1910 bis 1945 wirkte Julius Ammann-Zisch als Leiter der Taubstummenanstalt, unterstützt von seiner Frau Alma. Bevor er diese heiratete, engagierte er zwei ledige Cousinen und eine Tante, die ihn bei seinen vielseitigen Aufgaben in der Anstalt unterstützten. Eine Köchin und ein Knecht gehörten ebenso zur «Anstaltsfamilie». Der angegliederte Landwirtschaftsbetrieb war eine wichtige Einnahmequelle und garantierte ein gewisses Mass an Selbstversorgung.[12]

Die sehr einfach gehaltenen Räume waren für rund zwanzig Kinder eingerichtet, deren Mitarbeit im Garten und auf dem Feld selbstverständlich war. Dies galt vor allem für die Knaben, während die Mädchen eher nähen und stricken mussten. Die Arbeit war Teil des Unterrichtskonzepts: Ziel war es, den Kindern ein Minimum an Bildung zu vermitteln, mit dem sie später eine Lehre antreten oder einfache Arbeiten verrichten konnten. Der Unterricht baute auf der von Daniel Wilhelm Arnold entwickelten Methode auf. Anstatt sich mit Gebärden auszudrücken, lernten die Kinder Artikulation via Nachahmung. Sobald sie die Grundlagen des Artikulierens beherrschten, lernten sie die wichtigsten Alltagswörter anhand von Gegenständen und Arbeiten in Haus und Garten. Auch Spaziergänge durch die nähere Umgebung und Ausflüge in die Stadt dienten dazu, den Spracherwerb der Kinder zu fördern.[13]

Nach Julius Ammanns Pensionierung 1945 wurde die Anstalt aufgelöst und liquidiert. Die Zöglinge wurden in anderen Institutionen untergebracht. 1947 verkaufte die Anstaltskommission die Liegenschaft und das zugehörige Land dem Kanton. Das Anstaltsgebäude wurde in Wohnungen aufgeteilt und vermietet.

JULIUS AMMANN-ZISCH ALIAS SEBASTIAN HÄMPFELI

Julius Ammann-Zisch wurde in Gossau geboren und kam 1902 als junger Lehrer an die Taubstummenanstalt Riehen. Von 1910 bis 1945 leitete er die Anstalt für schwachbegabte Taubstumme in Bettingen. Daneben war er von 1925 bis 1953 nebenamtlich als Gemeindeschreiber tätig und setzte sich im Lese- und Verkehrsverein für zahlreiche Neuerungen im Dorf ein. Seine dichterische Tätigkeit nahm mit einer Ferienreise ins Appenzellerland ihren Anfang. Zunächst schrieb er in Appenzeller Mundart, später auch in Baseldeutsch. Seine erste Gedichtsammlung «Dar i nüd e betzeli? Appezeller Spröch ond Liedli» erschien 1922, es folgten weitere Bände wie «En neue Appezeller Rondgsang» (1937) und «Appezellerländli, Du bischt so tonders nett» (1953). Mit diesen Werken wurde Julius Ammann zum wichtigsten Appenzeller Mundartdichter des 20. Jahrhunderts.[14]

In seiner Dichtung sind Parallelen zu Johann Peter Hebel unübersehbar: Charakteristisch ist der liebevolle Blick auf Menschen und Landschaften, ein feiner Humor und ein christlich geprägtes Weltverständnis. Ebenso wie Hebel wurde Ammann erst durch die räumliche Distanz zum Heimatdichter. Er verklärte das Appenzellerland zur fiktiven Heimat und zu einem Ort der Sehnsucht. Zwar lebte er als Jugendlicher nach dem Tod beider Elternteile mehrere Jahre bei seiner Grossmutter in Trogen, doch als kleines Kind musste er mit seiner Familie mehrmals umziehen. Dabei passte er sich jeweils sprachlich sehr stark an seine Umgebung an. In Bern, wo er die erste Klasse besuchte, habe man ihn nach kurzer Zeit für einen «Stockberner» gehalten, wie er in seinem Lebenslauf festhielt.[15]

In Bettingen begann er unter dem Pseudonym Sebastian Hämpfeli auch in Baseldeutsch zu dichten – in Anlehnung an die Mundartgedichte, die Jacob Burckhardt unter dem Titel «E Hämpfeli Lieder» 1853 veröffentlicht hatte. Im Zentrum dieser Gedichte stehen meist kleine Szenen aus dem Bettinger Alltag, oft in Verbindung mit einer christlichen Botschaft. Einen unverzichtbaren Beitrag an sein dichterisches Schaffen leistete seine Gattin Alma Ammann-Zisch. Sie ermutigte ihn, half ihm mit dem Baseldeutsch und bewies ein feines Urteilsvermögen, was sich für die Drucklegung eignete und was nicht.[16] Die baseldeutschen Gedichte wurden hauptsächlich in der «Riehener Zeitung» veröffentlicht. 1999 gab der Verkehrsverein Bettingen eine Auswahl als Buch heraus.

FREIZEIT UND VEREINE

Bereits Ende des 19. Jahrhunderts wurde Bettingen zu einem beliebten Ausflugsziel der städtischen Bevölkerung. So pries Karl Baedeker in seinem populären Reisehandbuch «Die Schweiz» von 1891 die Aussicht von St. Chrischona als «prächtig» und Iwan von Tschudi nannte sie in seinem «Tourist der Schweiz» 1899 gar «brillant». Das Hochplateau war indessen nur zu Fuss erreichbar. Versuche der «Commission zur Verschönerung der Umgebung Basels», die Strasse bis auf die Chrischona zu verlängern, scheiterten zunächst an der Ablehnung der Bettinger Bevölkerung. Schliesslich stellte die Bürgergemeinde Bettingen auf der Chrischona ein Waldstück zur Verfügung, wo eine Sommerwirtschaft für wanderlustige Städterinnen und Städter eingerichtet wurde.[17] Kam die Initiative zur touristischen Erschliessung und Nutzung zunächst von aussen, so spielte ab 1910 der Lese- und Verkehrsverein Bettingen dabei eine tragende Rolle.

Die Gründung von Vereinen setzte in Bettingen eher spät ein, was bei der abgelegenen Lage des ehemaligen Bauerndorfs nicht erstaunt. Den Anfang machte der 1881 gegründete Feldschützenverein, gefolgt von Verkehrsverein und Turnverein. In Riehen war der erste Verein bereits 1856 gegründet worden, in Basel gab es schon in den 1820er-Jahren mehrere Vereine. Wie andernorts war die seit dem 18. Jahrhundert gängige Organisationsform zunächst den Männern vorbehalten. Einen Frauenverein, der jährlich einen Bazar organisiert und den Erlös für wohltätige Zwecke spendet, gibt es in Bettingen seit 1958. Einzelne Vereine wie die bis 1968 bestehende Sängergruppe sind inzwischen verschwunden. Aufgrund der Stadtnähe hält sich die Vereinslandschaft in Bettingen in engen Grenzen.

LESEMAPPEN UND RUHEBÄNKE

Der am 22. Oktober 1910 im Baslerhof gegründete Verkehrsverein trieb mehrere Massnahmen zur Modernisierung des Dorfes voran wie den Strassenbau oder die Versorgung mit Wasser und Elektrizität. Zu den Vereinszwecken gehörte von Anfang an auch die Bildung der Mitglieder. Es wurden Vorträge, Führungen und heimatkundliche Exkursionen organisiert. Lesemappen zu bestimmten Themen bildeten den Grundstock der Bibliothek. 1958 kam diejenige der Kindergärtnerin Schwester Elisabeth Pfaff hinzu. Sie fand 1969 Aufnahme im Wahllokal, das sich zunächst im alten Schulhaus, später im Gemeindehaus befand. Nach dem Bau des neuen Schulhauses 1973 bekam sie dort eine feste Bleibe. Aus Platzgründen musste sie 2010 eingelagert werden.

Zudem nahm sich der Verkehrsverein der «Verschönerung» des Dorfes an, legte neue Spazierwege an, stellte Ruhebänke und Abfalleimer auf. Bis 1991 unterstützte die Basler Gesellschaft für das Gute und Gemeinnützige (GGG) den Verkehrsverein, seit 1921 erhält er auch Beiträge von der Einwohnergemeinde. Ab den 1950er-Jahren bis 1987 organisierte er die Bundesfeier am 1. August. Nach mehreren Wechseln sind seit 1993 die Feldschützen dafür verantwortlich. Die Organisation von kulturellen Veranstaltungen gehört bis heute zu den Kerngeschäften des Verkehrsvereins.[18] Bezeichnend für das in den 1960er-Jahren aufkommende Autonomiebestreben der Landgemeinden war die Imagekommission des Verkehrsvereins: Gemeinsam mit dem Verkehrsverein Riehen wurden von 1975 bis 2001 zahlreiche Aktionen durchgeführt, um die Sympathie der Stadtbevölkerung für die Landgemeinden zu fördern.

Bettinger Musikgruppe
um 1920

SCHIESSEN, TURNEN, FEIERN

Bettingens ältester Verein wurde 1881 gegründet, um den Mitgliedern eine militärische Ausbildung im Gebrauch der Schusswaffen zu vermitteln. Da die Feldschützen zu wenig privates
Übungsmaterial hatten, lieh man sich beim Kriegskommissariat in Basel Scheiben und Gewehre
aus.[19] Nach dem Ersten Weltkrieg wurde eine Schiessplatzanlage im Reuberg erstellt, die wegen
Neubauten auf dem Bücken ab 1934 nicht mehr benützt werden konnte. Nach dem Zweiten Weltkrieg kaufte die Gemeinde zwei Parzellen «Im Tal» für eine neue Anlage und leistete einen finanziellen Beitrag an einen Kleinkaliber- und Pistolenstand. Als das Polizei- und Militärdepartement
1977 erwog, den kantonalen Schiessplatz vom Allschwiler Weiher ins Chrischonatal zu verlegen,
wehrte sich der Gemeinderat erfolgreich mit der Begründung, dass es sich bei diesem um ein
Landschaftsschutzgebiet handle.

Einen ersten Versuch zur Gründung eines Turnvereins gab es bereits 1906, der infolge Unstimmigkeiten aber bald wieder aufgelöst wurde.[20] 1911 hatte ein zweiter Anlauf Erfolg. Sechs
Jahre später schloss sich der Verein mit zwanzig Aktivmitgliedern dem Kantonalen Turnverein
Basel-Stadt an. Ab 1922 nahm er an Eidgenössischen Turnfesten teil. 1950 organisierte er zusammen mit dem Kantonalen Schwingerverband Basel-Stadt den «1. Bettinger Herbstschwinget». Zu
Beginn konnten nur Männer Mitglied werden. 1935 wurde ein separater Damenturnverein gegründet, der von 1942 bis 1947 dem Turnverein angehörte und ab 1964 als Untersektion desselben
geführt wird.

Auf Initiative und mit freiwilliger Mitarbeit des Turnvereins wurde in den 1930er-Jahren ein
erster Turnplatz angelegt. Ursprünglich lag dieser ausserhalb des Dorfes. Als das Gebiet entlang
der Bettingerstrasse in den 1960er-Jahren zum Wohngebiet erklärt wurde, dachte man über eine
Verlegung auf den Reuberg nach.[21] Das Projekt scheiterte daran, dass die Gemeinde die dazu not-
wendigen Parzellen nicht erwerben konnte. Schliesslich entschied man, den Turnplatz am bestehenden Ort zu belassen. Er wurde im Zusammenhang mit dem Schulhausneubau erweitert, erhielt ein neues Garderobengebäude und wurde 1971 neu eröffnet. Auf dem Turnplatz fanden nicht
nur sportliche Anlässe, sondern auch die «Habermark-Chilbi» und während mehrerer Jahre die
Bundesfeier am 1. August mit Darbietungen verschiedener Vereine statt.

«Niemand wird wohl der Badanstalt, welche zu ihrer Zeit eine Errungenschaft war, nachtrauern. Ist die Neuanlage nicht auch ein Ausdruck der Entwicklung, welche das Dorf verändert hat?», heisst es im Bericht zum fünfzigjährigen Bestehen des Verkehrsvereins. Die Bilder zeigen die alte Badanstalt im Jahr 1958 und die neue Badanstalt im Jahr 1960.

VOM FEUERWEHRWEIHER ZUM GARTENBAD

In den heissen Sommermonaten ist das Bettinger Gartenbad nicht nur für Einwohnerinnen und Einwohner des Dorfes, sondern auch für Badegäste aus Basel und Umgebung ein beliebter Ort der Erholung. Bis 1917 befand sich an dieser Stelle ein Feuerwehrweiher, der nach der Einrichtung einer Hydrantenanlage im Jahr 1910 überflüssig wurde und zunehmend als Mülldeponie für defekte Haushaltsgegenstände diente. Überwuchert von Pflanzen und Hecken, bot er Insekten eine ideale Brutstätte. Leidtragende waren die Bewohnerinnen und Bewohner der nahe gelegenen Taubstummenanstalt, die laut Julius Ammann-Zisch von grossen Schnakenplagen heimgesucht wurden. Sein Vorschlag, den Tümpel durch eine Badanstalt zu ersetzen, stiess bei der Gemeinde aber zunächst auf Ablehnung. Zur Schnakenbekämpfung wurde lediglich Petrol in die Jauchegruben geschüttet.[22]

Mitstreiter für seine Idee fand Ammann im Lese- und Verkehrsverein. Schliesslich war es das erhöhte Hygienebewusstsein infolge des Ersten Weltkriegs, das der Badanstalt zum Durchbruch verhalf. Rund um das Schlachtfeld am Hartmannsweilerkopf hatten sich Seuchenherde gebildet, Krankheitserreger wurden bis nach Basel verschleppt. In der Folge forderten die Basler Behörden, sämtliche Tümpel trockenzulegen.[23] Der Weiher wich 1917 einem gemauerten Becken von achtzig Quadratmetern, das mit einem Bretterverschlag umgeben wurde. Für die Wasserspeisung wurde eine weitere Quelle gefasst. Die Gemeinde stellte einen Bademeister an und Julius Ammann besorgte die Oberaufsicht über das Bad, das er von der Laube der Anstalt aus gut überblicken konnte. Das Quellwasser hatte selten mehr als fünfzehn bis sechzehn Grad. Für Männer, Frauen und Kinder galten separate Badezeiten, die jeweils an der Türe angeschrieben waren.

1952 bewilligte der Grosse Rat einen Kredit von 200 000 Franken für eine neue Badanstalt mit Sprungbrett, Garderobentrakt, Kasse, Lingerie, Sanitätszimmer, Geräteraum und Toiletten. Die Gemeinde erklärte sich bereit, einen Anteil von fünftausend Franken zu übernehmen. Noch vor Baubeginn zeichnete sich ab, dass die Ausgaben mehr als das Doppelte betragen würden. Dennoch konnte die «Badi» gebaut und 1960 eröffnet werden.

KEIN HAUS DER VEREINE

Ein beliebter Treffpunkt für die Vereine war das 1917 erbaute Wirtshaus Brohus, das seinen Namen dem Brachland («Brohe») verdankt, auf dem es ursprünglich stand. Bis in die 1930er-Jahre befand es sich als einziges Haus inmitten von Weinbergen und war vor allem in den 1950er-Jahren ein gut besuchtes Ausflugsziel für Gäste aus Basel. Als der Kanton als Eigentümer die veraltete Liegenschaft in den 1970er-Jahren abreissen und das Areal in eine Überbauung einbeziehen wollte, regte sich in Bettingen Widerstand. Man wollte weiterhin zwei Beizen im Dorf.[24] Die Suche nach Pächtern erwies sich jedoch in den 1980er-Jahren als sehr schwierig.

1990 erwog die Gemeinde Bettingen den Kauf des «Brohus» und wollte es zu einem «Haus der Vereine» umbauen.[25] Mit der Zentralstelle für staatlichen Liegenschaftsverkehr wurde man handelseinig, doch die Gemeindeversammlung lehnte in ihrer Dezembersitzung 1990 das Kreditbegehren von rund zwei Millionen Franken deutlich ab. Dem letzten Wirt des «Brohus», der das Gebäude 1990 erworben hatte, gelang es trotz grosser Investitionen nicht, das Restaurant gewinnbringend zu führen. Nach der Schliessung 2003 ging sein Betrieb Konkurs. Mangels eines Kaufinteressenten wurde die Liegenschaft 2005 zwangsversteigert. Einzige Bieterin war eine Bank, die Hauptgläubigerin des letzten Wirts, die sie zu einem Spottpreis erwarb. 2007 wurde die Liegenschaft an Private verkauft, die sie für Wohn- und Seminarzwecke nutzen.

Mit wirtschaftlichen Problemen kämpfte auch das einst sehr gut besuchte Ausflugsrestaurant Waldrain, das der Pilgermission Chrischona gehört. Nach mehreren defizitären Geschäftsjahren wurde es 2004 geschlossen, konnte aber zwei Jahre später von einem ehemaligen Pächter wieder eröffnet werden. Neben dem Café Wendelin, das von der Gemeinde geführt wird – früher befand sich im oberen Stock eine Kaffeehalle –, ist somit der «Baslerhof» als einziges Gasthaus im Dorf verblieben.

Garten mit Broh-Hus

Postkarte, gestempelt 1918 in Riehen

«THE HOT STREET RAMBLERS» ODER BETTINGENS ÄRA DES JAZZ

Wo sich heute das Café Wendelin befindet, betrieb eine Clique junger Bettinger von 1963 bis 1965 den «Village Club». Konrad Baeschlin-Glauser, der damalige Gitarrist der «Hot Street Ramblers», nennt den Club scherzhaft die erste Diskothek von Basel. Die Mitgliedschaft betrug fünf Franken, Getränke durfte man mitbringen oder gegen einen Unkostenbeitrag konsumieren. «Es war meistens Rambazamba, bis zu fünfzig Leute quetschten sich in das enge Lokal.» Zur Stammkundschaft gehörte auch der Chauffeur des BVB-Busses, viele Gäste kamen aus Basel und Riehen. Man hörte gemeinsam Musik ab Platten oder genoss die Auftritte der hauseigenen Band «The Hot Street Ramblers», die sich nach ihrem Gründungsort zuerst «Mountain Ramblers Skiffle Group» genannt hatten. Vorbild waren die in den USA zu Beginn des 20. Jahrhunderts sehr populären«Jug-Bands» von afroamerikanischen Strassenmusikern mit selbstgebastelten Instrumenten. Den «Jug», einen Tonkrug, mit dem bassartige Töne erzeugt werden, spielte Ueli Tanner. Weitere Bandmitglieder aus Bettingen waren Willi Bertschmann am Holzkisten- und Waschzuber-Bass und sein Bruder Werner an der Gitarre. In schlechter Erinnerung sind Koni Baeschlin die häufigen Polizeikontrollen: «Der Club war so beliebt, dass das manchen Leuten vielleicht verdächtig vorkam. Jedenfalls erhielten wir eine polizeiliche Vorladung und mussten im Spiegelhof antraben. Alles war legal. Doch die Kontrollen gingen weiter und die Club-Atmosphäre litt darunter.»

Kein Ort, um jung zu sein, befanden die Club-Initianten: «Es längt. Mir wandere us.» Am liebsten möglichst weit weg, nach Neuseeland, Australien oder Kanada. «Kanada ging am schnellsten», erinnert sich Koni Baeschlin. «Nach vierzehn Tagen bekamen wir das Visum mit Willkommensbrief. Also auf nach Kanada!» Der Weg führte über Wien, weil «The Hot Street Ramblers» kurz zuvor zum internationalen Jazzfestival eingeladen worden waren. Von Wien reisten Koni Baeschlin und Ueli Tanner direkt nach Kanada, während Willi Bertschmann zwar nicht mit nach Wien gekommen war, aber zwei Monate später auch in Kanada eintraf.

Anfangs hielten sich die jungen Männer mit verschiedenen Broterwerben über Wasser. Abends zogen sie musizierend durch die Clubs von Montréal und am Wochenende reisten sie oft mit dem Greyhound-Bus nach New York. Sie besuchten das «Newport Folk Festival» in Rhode Island, wo Bob Dylan erstmals mit einer Rockband auftrat. Sie erlebten 1967 im New Yorker Club «Café à Gogo» einen noch kaum bekannten Jimmy Hendrix. Eine Stimmung von gesellschaftlichem Aufbruch und vielen Entdeckungen – für die jungen Männer aus der Schweiz eine prägende Zeit.

Willi Bertschmann und Ueli Tanner leben immer noch in Kanada, Koni Baeschlin kehrte nach vier Jahren wieder in die Schweiz zurück und wohnt heute nur wenige Schritte vom ehemaligen «Village Club» entfernt. Die Platten von früher hört er heute am liebsten in seiner Hausbar.

«Village Club» Bettingen, 1965

1   Basler Nachrichten, 23.09.1974.
2   Dettwiler-Ammann 2005.
3   Iselin 1963, S. 70.
4   Ebd., S. 77.
5   Ebd., S. 69.
6   Schnyder/Meyrat/Koellreuter/Hagmann/Hess 2010, S. 57.
7   Ebd., S. 303.
8   Ebd., S. 302.
9   Iselin 1963, S. 57.
10 Ebd., S. 76, und Gespräch mit Anna Tanner-Frei, 17.08.2010.
11 Basler Zeitung, 17.07.1985.
12 Privatarchiv Johannes Wenk-Madoery: Jahresberichte der Anstalt für schwach begabte Taubstumme in Bettingen.
13 Privatarchiv Johannes Wenk-Madoery: Jahresbericht der Anstalt für schwach begabte Taubstumme in Bettingen, Jg. 6 (1907/08).
14 Ammann 1976 und Krattiger 1982, S. 155–167.
15 Privatarchiv Johannes Wenk-Madoery: Ammann, Julius: Lebenslauf, unveröffentlichte Aufzeichnungen.
16 Privatarchiv Johannes Wenk-Madoery: Ammann, Julius: Lebensbild unserer Mutter, unveröffentlichte Aufzeichnungen.
17 Iselin 1963, S. 81.
18 Kiefer 2010.
19 StABS: Vereine und Gesellschaften, Feldschützenverein Bettingen, Gesellschaften Q 15.
20 Riehener Zeitung, 29.08.1986.
21 National-Zeitung, 21.03.1967.
22 Sammlung Michael Raith: Ordner 2, Ammann, Julius: Wie die alte Bettinger Badi entstanden ist, in: Riehener Zeitung, Ausschnitt undatiert.
23 Ebd.
24 Riehener Zeitung, 11.06.1982.
25 Riehener Zeitung, 20.04.1999.

Grenzwächter im «Lenzen» während des Zweiten Weltkriegs

GRENZEN UND NACHBARN
IN KRIEG UND FRIEDEN

Zusammen mit Riehen bildet Bettingen die nordwestlichste Ecke der Schweiz. Rechts des Rheins gelegen, ragen die beiden Orte wie eine Hand in deutsches Gebiet hinein. Bettingens Gemeindegrenze verläuft durch hügeliges Gelände und fällt zu sechzig Prozent mit der Landesgrenze zu Deutschland zusammen. Erst mit den beiden Weltkriegen wurde sie für die Bevölkerung zu einem spürbaren Hindernis. Die einst engen Verbindungen mit den badischen Nachbarn wurden über viele Jahre getrennt. Für viele Flüchtlinge bedeutete das Überqueren der Landesgrenze Rettung oder Tod. Nach Ende des Zweiten Weltkriegs blieb sie noch viele Jahre schwer passierbar. Seit dem Schengener Abkommen von 1995, an dem sich seit 2008 auch die Schweiz beteiligt, hat sich ihre Bedeutung erneut verändert.

GESCHICHTE DER GRENZE

Vor dem Ersten Weltkrieg konnten sich Bettingens Einwohnerinnen und Einwohner ohne Ausweis über die Grenze nach Deutschland begeben und deutsche Staatsbürger konnten ohne Papiere in die Schweiz einreisen. Wenn überhaupt Kontrollen stattfanden, galten sie mehr den mitgeführten Waren als den Personen.

Bis 1914 war es ohne jede behördliche Formalität möglich, eine Arbeit jenseits der Grenze aufzunehmen.[1] Mit der Industrialisierung fanden Bettingens erwerbstätige Bevölkerung nicht nur in Basel Arbeit, sondern auch in Textilbetrieben in Südbaden.

Die familiären Beziehungen über die Landesgrenzen waren eng. Man war durch Ehen und Freundschaften, aber auch durch Streitigkeiten verbunden mit seinen Nachbarn, ob diese nun in Riehen, Grenzach, Wyhlen oder Inzlingen wohnten. Besonders eng waren die Verbindungen bis ins 20. Jahrhundert zu Grenzach. Mit den beiden Weltkriegen verlor die Nähe zu den badischen Nachbargemeinden ihre Selbstverständlichkeit. In dieser Zeit rückte Bettingen enger an Riehen und den Rest der Schweiz heran.

KARTEN UND SYMBOLE

Grenzen wie sie den Bettinger Gemeindebann umgeben, erscheinen zwar statisch, verändern ihre Bedeutung aber ständig. Erst mit symbolischen Handlungen wie dem Setzen von Grenzsteinen, dem Errichten von Zäunen und Zollstationen werden sie überhaupt sicht- und spürbar. Ein Gang der Grenze entlang wird so zu einer Reise in die Geschichte. Auf Grenzsteinen finden sich Wappen untergegangener Staaten, an ehemaligen Zollposten entschieden sich tragische Flüchtlingsschicksale und wo heute der Blick vom Lenzen ungehindert bis zu den Juraketten gleitet, stand bis 1951 ein hoher Stacheldrahtverhau.

Die Grenze zu den deutschen Nachbargemeinden Inzlingen, Wyhlen und Grenzach entstand zu Beginn des 16. Jahrhunderts, als der Basler Bischof die Gemeinde an die aufstrebende Stadt Basel verkaufte. Zuvor gehörte Bettingen mindestens formell noch zur Markgrafschaft Hachberg-Sausenberg, wenngleich die Oberhoheit bereits in der Hand des Basler Bischofs lag.[2]

In dieser Zeit fanden im rechtsrheinischen Gebiet die ersten exakten Landvermessungen statt. Neben Hans Bock (1576–1624) zeichneten die Feldmesser Jacob Meyer (1614–1678) und sein Sohn Georg Friedrich Meyer (1645–1750) erste Karten von Bettingen. Emanuel Büchel (1705–1775) entwarf um 1750 Vogelschaupläne. Die Grenze ist auf diesen Karten jeweils sehr exakt eingezeichnet, dienten sie doch vor allem als urkundliche Belege für die Setzungen der Grenzsteine. Aus dieser Zeit stammt auch die Nummerierung der Grenzsteine von 100 bis 150, die bei zusätzlichen Steinen lediglich um die Präzisierungen «a» und «b» erweitert wurde.[3] Im gleichen Mass wie das Bedürfnis nach exakter Gebietstrennung stieg die Anzahl der Grenzsteine. So genügten im Jahr 1620 noch zweiundachtzig Grenzsteine, um die Nordgrenze des Kantons Basel-Stadt zu markieren. Im Jahr 1870 waren es bereits hundertsiebzig und 2004 wurden 218 Grenzsteine gezählt, davon 67 Nebensteine.[4]

Die Landkarte von Hans Bock (1576–1624) gilt als älteste Darstellung von Bettingen. Im Massstab 1:4500 gezeichnet, zeigt sie ausser Wäldern, Feldern und Häusern auch feine Abbildungen von Bauern, Jägern und nicht zuletzt dem Feldvermesser und seinen Gehilfen. Diese arbeiteten mit Winkelmesser und «Bussole», einem Gerät mit Magnetnadel, ähnlich einem Kompass. Der Plan ist Bestandteil eines umfangreichen Vermessungswerks der alten Landschaft Basel, das der Basler Rat 1620 in Auftrag gegeben hatte. Der Plan muss demnach zwischen 1620 und 1624, dem Todesjahr von Hans Bock, entstanden sein. Bettingen zählt auf diesem Plan nicht mehr als acht Häuser, in Wirklichkeit dürfte es allerdings schon damals grösser gewesen sein.

GRENZZIEHUNGEN ALS FEIERLICHES MÄNNERRITUAL

Bis ins 19. Jahrhundert wurden im Kanton Basel-Stadt die Hoheitssteine durch vereidigte Personen gesetzt, sogenannte Gescheidsleute. Riehen und Bettingen besassen nach einer Ordnung von 1548 eigene Gescheide, die meist sieben Männer zählten, die der kommunalen Ehrbarkeit angehörten. Um den Standort der Grenzsteine zu beglaubigen, wurden unter dem Stein sogenannte Lohen versteckt – kleine Häufchen aus Holzkohle, Ton oder Glas, die bis zu einem Meter tief unter dem Grenzstein vergraben wurden und nur für die Gescheidsleute erkennbar waren. Falls der Grenzstein versetzt worden war – dies galt als grosser Frevel und wurde entsprechend bestraft – oder verschwunden, konnte sein Standort anhand der Lohe wieder rekonstruiert werden.

Die Sicherung der Grenze war mit einer feierlichen Zeremonie verbunden. Nach dem jährlichen Überprüfen oder Neusetzen der Grenzmarkierungen wurde nach heidnisch-römischer Tradition mit den Nachbargescheiden ausgiebig geprasst. Die Gescheide trugen feierliche Amtskleidung, bestehend aus einem schwarzen Mantel, einem Hut und einem Stab, der ihnen nach dem Tod in den Sarg gelegt wurde.

Nach der Einführung eines neuen Zivilgesetzbuches 1875 hob der Kanton Basel-Stadt die Gescheide auf und übertrug ihre Funktion dem Vermessungsamt. Dieses verwendet heute kegelförmige Tonzapfen mit einem eingepressten Baselstab als Lohen. Im Gegensatz zu früher geschieht dies nicht mehr zur rechtsverbindlichen Beglaubigung der Grenzsteine, sondern nur noch aus Tradition.[5]

HERRSCHER UND WAPPEN

Während die Landesgrenzsteine auf schweizerischer Seite mit dem Baselstab markiert sind, haben auf badischer Seite verschiedene Herrschaftsverhältnisse ihre Spuren hinterlassen. Zu Beginn des 19. Jahrhunderts gingen Grenzach (1803), Wyhlen (1805) und Inzlingen (1806) an das Grossherzogtum Baden über. Dessen Wappen, eine gelbe Fläche mit rotem Schrägbalken, und die Abkürzung «GB» finden sich auf vielen Grenzsteinen.

Auch die Wappen früherer Herrscher oder Lehensherren sind anzutreffen. So die Saufeder der Reich von Reichenstein – bis heute ein Bestandteil des Inzlinger Wappens. Ende des 14. Jahrhunderts hatte Heinrich Reich von Reichenstein das Dorf Inzlingen als Lehen vom Markgrafen Rudolf von Hachberg-Sausenberg erhalten. Da auch Österreich das Gebiet für sich beanspruchte, kam es wiederholt zu Auseinandersetzungen.[6]

Das Wappen von Österreich-Habsburg, ein weisser Querbalken auf rotem Grund, findet sich auf Grenzsteinen gegen Wyhlen, etwa auf dem Landesgrenzstein 101 im Wyhlengraben. Das katholische Wyhlen gehörte noch bis 1805 zu Österreich-Habsburg, während die Nachbargemeinde Grenzach, seit 1556 protestantisch, dem Markgrafen von Hachberg-Sausenberg gehörte. Dieser belehnte damit verschiedene Adelsgeschlechter, darunter die Herren von Bärenfels.[7]

Deren Wappen mit dem auf einem Dreiberg stehenden Bären inspirierte die Bildhauerin Owsky Kobalt, als sie zu Beginn des 21. Jahrhunderts vom Basler Vermessungsamt mit der Gestaltung von zwei neuen Grenzsteinen für das Neufeld beauftragt wurde. Deren Einweihung im August 2002 wurde von den Nachbargemeinden Bettingen und Grenzach-Wyhlen mit einem Fest begangen.[8]

Landesgrenzstein 101
mit dem Wappen von
Österreich

Landesgrenzstein 94
im Wald bei St. Chrischona
mit dem Wappen der
Reich von Reichenstein

Landesgrenzstein 142
im Horngraben mit
badischem Wappen
und Krone

Landesgrenzstein 123
im «Biräcker» mit dem
Baselstab

In kleinerem Format und weniger prunkvoll präsentieren sich die Steine an der Grenze zu Riehen. Meist sind sie aus rotem Sandstein gehauen und mit «B» und «R» für Bettingen und Riehen bezeichnet. Die ältesten datieren aus dem Jahr 1745, weitere folgten 1781, 1795 und 1872. Längs der ganzen Banngrenze stehen einundfünfzig nummerierte Steine mit einigen Zwischensteinen neueren Datums aus Granit und mit den Wappen der beiden Gemeinden.[9]

ZOLLSTATIONEN UND LANDWIRTSCHAFTLICHER GRENZVERKEHR

Bettingen liegt abseits der grossen Verkehrs- und Handelsstrassen und hat deshalb für den grenzüberschreitenden Warenverkehr praktisch keine Bedeutung. Dass es hier überhaupt zur Errichtung eines Zollamts kam, hängt damit zusammen, dass Bettinger seit Jahrhunderten Land in Grenzach besassen und bewirtschafteten. Dies bezeugt bereits ein Berain des Klosters St. Alban von 1489. Auch in den beiden Grenzacher Kirchenberainen von 1547 werden mehrere Personen aus Bettingen erwähnt, die in der «Wehhalde» und «Im Lenzen» Reben besassen.[10] Wurden diese Gebiete bis Ende des 19. Jahrhunderts fast ausschliesslich mit Reben bepflanzt, kultivierten nach Angaben der Gemeinde Bettingen 1922 nur noch zwei Bauern Reben «Im Lenzen».[11] Das Land wurde nun grösstenteils von Leuten aus dem Arbeiterstand mit Kartoffeln und Gemüse bepflanzt. Mit diesen Angaben wehrte sich die Gemeinde gegen ein Einfuhrverbot von landwirtschaftlichen Gütern, das die Zolldirektion zum Schutz vor der Einschleppung der Reblaus erlassen wollte. Noch heute besitzen einige Personen aus Bettingen Land «Im Lenzen» und widmen sich dort in ihrer Freizeit dem Obst- und Gartenbau in ihrer Freizeit.

Eidgenössische Zollstationen entstanden erst nach der Gründung des Bundesstaates 1848 und es ist anzunehmen, dass es noch ein paar Jahrzehnte dauerte, bis in Bettingen das erste Nebenzollamt errichtet wurde. In Riehen befand sich das erste Zollamt in wechselnden Gebäuden im Dorfzentrum, bis es 1902 an die Grenze zu Stetten verlegt wurde. Weitere Zollstellen entstanden am Grenzacherhorn (1860), am Riehener Bahnhof (1903), an der Weilstrasse (1913) und an der Inzlingerstrasse (1923).[12]

Die Familie von Martha Bertschmann bewirtschaftete wie viele andere Bettinger Reben «Im Lenzen». Das Bild stammt aus dem Jahr 1947.

In Bettingen mietete sich die eidgenössische Zolldirektion 1932 in ein Privathaus am Wyhlenweg ein, das sie dem Besitzer 1949 für sechzigtausend Franken abkaufte.[13] 1972 wurde dieser Zollposten geschlossen und im Jahr 2010 verkaufte die Zolldirektion das Gebäude wieder an eine Privatperson. Vor 1932 befand sich die Zollstation in einem Gebäude an der Hauptstrasse beim heutigen Postgebäude.

Ein früheres Nebenzollamt befand sich gemäss mündlicher Überlieferung am Eingang des Dorfes auf der linken Seite, gegenüber der Einmündung des Bückenwegs in die Hauptstrasse.[14] In einem Plan von 1920 ist ein weiteres Nebenzollamt im «Brohus» eingezeichnet.[15] Den geplanten Neubau liess die Zolldirektion im selben Jahr wieder fallen, da die Kosten im Hinblick auf den «minimalen Verkehr», den Bettingen aufweise, viel zu hoch seien.[16]

Bis zum Ersten Weltkrieg beschränkten sich die Aufgaben der schweizerischen Zollbeamten auf die Bekämpfung des Schmuggels. Zollpflichtige Waren durften bis 1925 nur via Grenzach nach Bettingen eingeführt werden – entweder über den Lenzenweg oder den Buchweg. Danach wurde die Strasse, die über die Chrischona auf den Rührberg führt, wegen des immer grösseren Personen- und Ausflugsverkehrs auch für den zollpflichtigen Verkehr geöffnet. Die Buchgasse blieb weiterhin für den landwirtschaftlichen Grenzverkehr offen, wurde aber für zollpflichtige Waren geschlossen.[17] Für den Import von landwirtschaftlichen Gütern gab es innerhalb des sogenannten Kleinen Grenzverkehrs zwar relativ grosse Freimengen; dennoch musste jede Harasse Obst und Gemüse, die über die Grenze eingeführt wurde, auf dem Zollamt abgewogen und registriert werden. Für alle, die «Im Lenzen» ein Stück Land bewirtschafteten, bedeutete dies ab 1932 einen grossen Umweg.

Das Zollhaus während des
Zweiten Weltkriegs.
Im Hintergrund ist die
Chrischonakirche zu
erkennen.

Wer Land auf deutscher
Seite bewirtschaftete,
brauchte dazu noch bis in
die 1980er-Jahre eine
Bewilligung. Grenzkarte
von Helene Bertschmann.

Edith Bloch-Müller erinnert sich genau an den Tag, als sie als kleines Mädchen der Mutter bei der Quittenernte «Im Lenzen» half. Nachdem sie vier Harassen Früchte geerntet hatten, beschloss die Mutter, direkt den Buchweg hinunter ins Dorf zu nehmen und dem Postenchef die Erntemenge nachher mitzuteilen. Doch sie rutschte auf der steilen Strasse aus, die Harassen fielen vom Handwagen und die Quitten kollerten den Hang hinunter. Da sei ein Zöllner hinter einem Baum hervorgetreten und habe gesagt: «Das ist die Strafe.» Ihre Mutter hätte ihn ohrfeigen können, erklärt Edith Bloch. Danach ging die Mutter zum damaligen Postenchef Willy Schoch und entschuldigte sich. Von da an half Schoch für einen kleinen Batzen bei der Ernte – «die Grenzwächter hatten ja ein bescheidenes Löhnli». Daraus entwickelte sich eine Freundschaft mit der Zöllnerfamilie, die auch noch anhielt, als diese längst auf einen anderen Posten versetzt worden war.[18]

Nachdem der Bettinger Zollposten 1971 geschlossen worden war, mussten die Kleinbäuerinnen und Kleinbauern ihre Ertragsausweise beim Zollamt Riehen-Grenzacherstrasse einreichen. Wer Land auf der Chrischona bewirtschaftete, musste sich ans Zollamt Riehen-Inzlingerstrasse wenden. Für die Bewirtschaftung von Parzellen «Im Lenzen» waren zu diesem Zeitpunkt achtunddreissig Ausweise ausgestellt worden, für Parzellen auf St. Chrischona vier.[19]

ERSTER WELTKRIEG UND ZWISCHENKRIEGSZEIT

Mit dem Ausbruch des Ersten Weltkriegs im August 1914 wurde die Grenze zwischen der Schweiz und Südbaden geschlossen. Bürger neutraler Staaten und Angehörige des Deutschen Reiches durften ab November 1914 zwar wieder ein- und ausreisen, brauchten nun aber einen Reisepass mit Visum. Für Personen, die bis zu fünfzehn Kilometer dies- und jenseits der Grenze wohnten, galten die Spezialregeln des Kleinen Grenzverkehrs. Wer auf deutscher Seite Land bewirtschaftete, musste bei der Gemeindekanzlei einen entsprechenden Ausweis beantragen. Wer in die badische Nachbarschaft reisen wollte, brauchte ein spezielles Formular, auf dem Zeitpunkt und Dauer des Aufenthaltes ausgefüllt festgehalten wurden.[20]

GESCHLOSSENE GRENZEN, SOLDATEN IM SCHULHAUS

Die in Bettingen stationierten Soldaten wurden in der Kaffeehalle Waldrain auf St. Chrischona, später auch im Brüderhaus und in der Taubstummenanstalt untergebracht. Nach Kriegsende befand sich noch mehrere Jahre eine Militärbaracke auf der Chrischona.[21] Auch im Schulhaus richtete sich das Militär ein, was den Gemeindebehörden und Lehrerpersonen ein Dorn im Auge war: Die starke Belegung sei für die Schuljugend eine ständige Gefahr, in «sittlicher wie in materieller Hinsicht».[22] Für die Gemeinde sei es ärgerlich, dass sie über das einzige Lokal in ihrem Besitz, das sie dringend benötige, nicht frei verfügen könne.

Am 2. August 1914 errichteten Soldaten am Rührbergweg eine Grenzsperre. Nach Ende des Ersten Weltkriegs blieb die Grenze noch mehrere Jahre besetzt, das Grenzgebiet gesperrt. So durften die Hauseltern der Pilgermission an ihrem Hochzeitstag, dem 8. Mai 1924, nur mit einer speziellen Bewilligung einen Spaziergang durch den Rührbergwald machen.[23]

Die Gemeinde musste im Auftrag des Bundes erheben, was die Bauern anpflanzten, wie viele Tiere sie hielten und was sie ernteten. Das Heu wurde beschlagnahmt und durfte nur mit Einwilligung des Gemeinderats verkauft werden.[24] Auch Buchnüsse und Eicheln wurden beschlagnahmt. Schulkinder mussten diese jeweils am Mittwoch- und Samstagnachmittag auflesen, wofür wiederum eine Spezialbewilligung zum Betreten der Sperrzone nötig war.[25]

Als unmittelbar nach Kriegsbeginn am Vogesenkamm eine Frontlinie aufgezogen wurde, waren die Leuchtraketen und Scheinwerfer von Bettingen aus zu sehen. Am 28. Oktober 1918 stürzte ein von den schweizerischen Grenzsoldaten beschossenes deutsches Flugzeug am Hackberg ab. Der verwundete Pilot erlag seinen Verletzungen während des Transports nach Basel. Wie der Anstaltsleiter Julius Ammann-Zisch berichtet, eilten auch die Bewohnerinnen und Bewohner der Taubstummenanstalt zur Unglücksstätte: Die Neugier hätten sie teuer bezahlen müssen, denn in der Zuschauermenge holten sie sich den Virus der Spanischen Grippe, der sich in der Anstalt schnell ausbreitete. Isoliert und ohne Telefon im Haus wusste kein Mensch im Dorf, wie es um sie stand: In den Schlafsälen habe es ausgesehen wie in einem Lazarett. Am dritten Tag eilte der Knecht Adolf Gasser nach Riehen, um Hilfe zu holen. Vier «tapfere Frauen» und ein Arzt standen den Hauseltern nun bei der Pflege der kranken Kinder bei.[26] Der Knecht starb kurze Zeit später an der Grippe, ebenso die Köchin. Noch lange nach der Genesung mieden die Leute aus dem Dorf den Kontakt mit der Anstalt. Nur ein einziger Jüngling habe sich noch getraut, ans Fenster zu kommen und Aufträge anzunehmen.[27]

Soldaten vor dem Schulhaus während des Ersten Weltkriegs. Für die Gemeindebehörden war die Militärunterkunft im Schulhaus ein Ärgernis.

KAFFEETRINKEN AM GRENZSTEIN 100

Kein anderer Ort in Bettingen bekam die beiden Weltkriege so stark zu spüren wie die Pilgermission St. Chrischona. Als am 1. September 1914 das neue Schuljahr hätte beginnen sollen, erschien von den dreissig erwarteten Studenten ein einziger. Alle andern waren in verschiedenen Ländern dienstpflichtig. Mit den Brüdern im Feld herrschte ein reger Briefkontakt. Nach Ende des Ersten Weltkriegs kehrten die Brüder, die noch lebten, nur allmählich zurück. Achtunddreissig Männer waren im Krieg gefallen oder an Krankheiten gestorben.

Friedrich Veiel, Inspektor der Pilgermission von 1909 bis 1947, besuchte die verschiedenen Aussenstellen in Deutschland auch während des Ersten Weltkriegs. Nach Schwierigkeiten beim Grenzübertritt bekam er schliesslich einen Passierschein, der ihm die Rückreise nach St. Chrischona auch bei geschlossenen Grenzen ermöglichte. Zu Beginn des Ersten Weltkriegs kamen Chrischonabrüder, die in Deutschland Wehrdienst leisteten, hin und wieder an die Grenze, um ihre Mitbrüder zu grüssen. Man traf sich am Grenzstein 100 am Rührbergweg und trank zusammen Kaffee, den Schwester Rösle servierte. Die Chronik der Pilgermission berichtet, wie es anlässlich solcher Treffen zu Überschreitungen der Landesgrenze kam, die von den Grenzbeamten zwar hin und wieder gerügt wurden, aber ohne Konsequenzen blieben. Mit den Kriegsjahren wurden die Vorschriften strenger. Nach der Errichtung einer Sperrzone auf Schweizer Seite von etwas sechzig Metern Breite waren solche Begegnungen nicht mehr möglich.

Die Pilgermission mit ihrem hohen Anteil deutscher Mitglieder wurde von den Schweizer Behörden scharf bewacht. Auch banale Vorfälle konnten zum Spionageverdacht führen, wie Friedrich Veiel in seinem Rückblick berichtet: «Mit grossen weissen Tüchern wurde nach Belfort hinübergewinkt. Erklärung: Es ist die aufgehängte Wäsche, die vom Wind bewegt wird. Ferner: Man hört öfters im Wald englische Unterhaltung. Erklärung: Die noch in der Anstalt weilenden Brüder üben sich laut beim Lernen der englischen Vokabeln und dazu gehen sie gerne in den Wald.»[28]

Im Gegensatz zum überraschenden Ausbruch des Ersten Weltkriegs warf der Zweite seine Schatten lange Zeit voraus. Kurze Zeit nach der Machtübernahme Hitlers am 30. Januar 1933 versuchten sich die ersten jüdischen Flüchtlinge in die Schweiz zu retten.[29] Am Bahnhof in Riehen wurde am 14. März 1933 neben der deutschen eine Hakenkreuzfahne gehisst, die von Werner Hungerbühler, dem damaligen Redaktor der «Arbeiter-Zeitung», am nächsten Tag wieder heruntergerissen wurde. Auch bei Begegnungen von Nazigegnern und deutschen Grenzgängern, die ihre Velos mit Hakenkreuzwimpeln geschmückt hatten, kam es in Riehen zu Auseinandersetzungen.[30] Ab 1933 wurden in den badischen Nachbargemeinden nationalsozialistische Gedenktage mit lauter Marschmusik gefeiert, was der Bettinger Bevölkerung nicht verborgen bleiben konnte.

Bereits 1936 musste sich Bettingen auf Befehl des Bundes für den Kriegsfall vorbereiten. Alle gesunden Pferde wurden versammelt und gezählt, da sie im Kriegsfall der Armee zu übergeben waren.[31] Im folgenden Jahr organisierte der Luftschutz Basel einen Samariterkurs für Frauen für den Fall von Gas- und Bombenangriffen.[32] Einige Tage vor der Generalmobilmachung am 2. September 1939 rückten in Bettingen Grenztruppen ein und errichteten Strassensperren an der Hauptstrasse und an der Baiergasse. Die Soldaten wurden im Schulhaus, bei Privatpersonen und auf St. Chrischona einquartiert. Kurz nach Kriegsbeginn wurde eine Sperrzone entlang der Grenze errichtet und die Gemeindekanzlei begann mit dem Ausstellen von Grenzpässen für Personen, die in diesem Gebiet Land bewirtschafteten.

Bereits im ersten Kriegsjahr musste sich Bettingen am Mehranbau von Kartoffeln und Getreide beteiligen. Über die Einhaltung der Vorschriften wachte eine Kommission, die der Gemeinderat im September 1939 wählte.

EXPONIERT UND ABGESCHNITTEN

Während des Krieges wurde die Gemeindekanzlei mehrmals vom Stadtkommando aufgefordert, eine Evakuation vorzubereiten und die Bücher der Kanzlei auf dem schnellsten Weg nach Basel zu bringen.[33] Jedes Kind in Bettingen wusste, dass die Gebiete rechts des Rheins im Falle eines deutschen Angriffs nicht verteidigt und die Brücken über den Rhein gesprengt worden wären. Kinder und Jugendliche trugen eine Tafel des Roten Kreuzes um den Hals, auf dem ihr Name, Geburtsdatum und Wohnort stand.[34]

Als einziger Kanton der Schweiz bereitete Basel-Stadt die Evakuation der Zivilbevölkerung systematisch vor. Vom 26. März bis zum 20. April 1940 meldeten sich in speziellen Evakuations-Büros in Basel, Riehen und Bettingen 22 343 Personen an. Die staatlich organisierte Evakuation wurde aber nie ausgeführt.[35] Als die Angst vor einem deutschen Einmarsch im Mai 1940 ihren Höhepunkt erreichte, verliessen viele Menschen die Nordwestschweiz und suchten Zuflucht bei Verwandten oder Bekannten im Landesinnern. Auch in Bettingen verbreitete sich eine gewisse Unruhe. Da die meisten Männer im Militärdienst standen, orientierten sich die Frauen am Verhalten der Behörden, wie Gemeindeschreiber Julius Ammann-Zisch festhielt. Doch ausser einem einzigen Villenbesitzer, der mit zwei grossen Möbelwagen an den Genfersee flüchtete, habe niemand das Dorf verlassen.[36]

Nelly Bernhard-Schlup (links) und ihre Freundin Marie Hess mit einem bei der Chrischonakirche stationierten Soldaten während des Zweiten Weltkriegs.

Die Weisungen für den Kriegsfall wurden teilweise als absurd erachtet. So gab es einen speziellen Evakuationsplan für das Vieh. Dreizehn nicht dienstpflichtige Männer wurden zu Viehtreibern ernannt. Einer von ihnen, Ernst Bertschmann-Krumm, erzählte später, es hätte kein Mensch geglaubt, dass sie mit den Tieren die Brücken noch rechtzeitig erreicht hätten.[37]

Elsa Stebler-Zuppinger machte während des Krieges eine Verkaufslehre im Globus und erinnert sich, wie sie in der kritischen Zeit einen Rucksack mit Kleidern und Schuhen im Laden deponieren musste, für den Fall, dass sie am Abend nicht mehr nach Hause zurückkehren konnte. Ihr späterer Ehemann war damals bei den Soldaten eingeteilt, die an den Brücken über den Rhein Sprengladungen anbrachten. Natürlich habe man sich etwas gefürchtet, aber Angst hätten vor allem die Eltern gehabt. «Wir waren ja sehr jung, und trotz der Gefahren eher unbeschwert.»[38] Als mühsam hat sie den Heimweg in Erinnerung. Der Bus, in den Kriegsjahren mit Holzvergaser betrieben, fuhr nur noch selten. Und weil wegen der Verdunkelung keine Strassenlaternen brannten, war es stockfinster.

Nelly Bernhard-Schlup besitzt den Leiterwagen heute noch, den sie damals für eine allfällige Flucht zusammen mit der Mutter und der Grossmutter ausrüstete. Ein paar Kisten mit Kleidern wurden vorsorglich zu Verwandten ins Bernbiet geschickt. Noch deutlicher ist ihr aber die Anbauschlacht und die viele Arbeit in Erinnerung, die sie zusammen mit der Mutter leistete. Beide Männer der Familie wurden Opfer des Krieges. Ihr Bruder erlitt 1942 einen tödlichen Unfall im Militär und der Vater starb an einer Gallenentzündung, die er sich im Dienst zugezogen hatte.[39]

ABWESENDE MÄNNER, ÜBERLASTETE FRAUEN

Die Abwesenheit der dienstpflichtigen Männer hatte eine Mehrbelastung aller Zurückgebliebenen zur Folge. Die war teilweise so hoch, dass die Männer vom Dienst dispensiert werden mussten. Der Landwirt Werner Spaar-Mellinger etwa, der als Vater von vier Kindern ohne Hilfskräfte fünfunddreissig Jucharten Land auf dreissig verschiedenen Parzellen zu bewirtschaften hatte, wurde mehrmals für kurze Zeit vom Militärdienst dispensiert, bis sich der Gemeinderat beim Regierungsrat für eine dauerhafte Dispens einsetzte: Es sei nicht nur im Interesse der Familie, sondern diene der schweizerischen Landesversorgung, wenn Landwirt Spaar weiterhin seiner Arbeit nachgehen könne.[40] Die kantonale Arbeitseinsatz-Stelle konnte ihm keine geeigneten Hilfskräfte zur Verfügung stellen, da im ganzen Kanton kein qualifiziertes landwirtschaftliches Personal aufzutreiben war, und unterstützte das Dispensationsgesuch: Der Fall sei besonders ernst und brauche deshalb ausserordentliche Massnahmen, teilte sie dem Armeekorps mit. Ausserdem führte sie den zuständigen Behörden mit einer genauen Beschreibung des Arbeitspensums von Werner Spaar die Dringlichkeit des Falles vor Augen: «Das Programm, das er noch vor sich hat, lautet: Frucht fertig ernten, Emd einbringen, Pflügen, Weizen und Roggen anbauen, Kartoffeln ernten, Dreschen, all das neben der täglichen Arbeit mit 14 Stück Grossvieh.»[41] Trotz Hilfe aus der Gemeinde könne der Mann die Arbeit auf keinen Fall bewältigen, wenn er jetzt einrücken müsse. Dies würde den Ruin der Familie bedeuten.

FLUCHT ÜBER DIE GRENZE

Hunderte von Menschen versuchten vor, während und nach dem Zweiten Weltkrieg über die Landesgrenze rund um Riehen und Bettingen in die Schweiz zu flüchten. Einige wurden aufgenommen, viele wurden zurück an die Grenze gestellt, was in vielen Fällen den Tod bedeutete. Genaue Zahlen lassen sich im Nachhinein nicht mehr ermitteln. Die Chronik des Grenzwachtpostens Bettingen ist die einzige in diesem Gebiet, die Zahlen über aufgenommene Flüchtlinge enthält. Für Bettingen werden 106 Zivilflüchtlinge, 133 Kriegsgefangene und zwanzig Deserteure genannt. Dass den 259 aufgenommenen Flüchtlingen eine grosse Zahl von abgewiesenen gegenübersteht, wird aus den Berichten der Zeitzeuginnen und Zeitzeugen deutlich, die Lukrezia Seiler zu diesem Thema befragte.[42]

Mehrere Personen berichteten von französischen Kriegsgefangenen, die einzeln oder in Gruppen aus einem Lager in Badisch-Rheinfelden über die Chrischona in die Schweiz flüchteten. Ausgerüstet mit einer Karte und einem aus einer Rasierklinge gebastelten Kompass suchten sie den Weg. Das Chrischonakirchlein diente als wichtiger Orientierungspunkt im Gelände. Als der Süden Frankreichs noch nicht von Nazideutschland besetzt war, wurden die Kriegsgefangenen über Genf nach Frankreich gebracht. Dort angekommen, schickten sie Karte und Kompass, versteckt in einer Konfitüredose mit doppeltem Boden, als Kriegsgefangenenpost zurück nach Badisch-Rheinfelden. Dann konnte sich die nächste Gruppe auf den Weg machen. Dieser Fluchtweg wurde laut dem Grenzwächter Alfred Schmocker sehr häufig benutzt.[43]

Der komplizierte Grenzverlauf konnte aber tödliche Folgen für die Flüchtlinge haben. So beobachtete Alfred Schmocker einmal eine Gruppe, die im Junckholz, beim Grenzstein 118, aus dem Wald kamen. «Sie entdeckten die Tafel mit dem Schweizerkreuz, warfen die Arme in die Luft vor Freude, in der Schweiz zu sein, und schritten zügig auf dem Weg, der der Krete entlang führt, gegen Westen. Nach etwa zweihundert Metern stösst dieser Weg aber bereits wieder an die Grenze, die dort einen grossen Bogen macht. Die Flüchtlinge beratschlagten, betrachteten die Schweizertafel beim Grenzstein 125 intensiv und verloren ganz offensichtlich die Orientierung – sie gingen geradeaus weiter, gegen Grenzach hinab, und ziemlich sicher ins Verderben.»[44] Laut Paula Senn-Krebs, die während des Krieges in Bettingen wohnte, wurden im Wyhlengraben, der auf deutscher Seite streng bewacht wurde, viele Flüchtlinge erschossen. Im Wissen um den unübersichtlichen Grenzverlauf hätten junge Leute aus Bettingen, vor allem aus Turnerkreisen, nachts Fluchthilfe geleistet, indem sie Flüchtlingen den Weg durch den Wald zeigten und sie gegen den Wenkenhof hinabwiesen.[45]

Robert Keiser verbrachte einen Teil seiner Kindheit im Zollhaus in Bettingen, wo sein Vater Pius Keiser von 1939 bis 1943 Postenchef war. Fast jede Nacht seien im Zollhaus geflohene Kriegs-

Während viele Männer Militärdienst leisten mussten, waren die zurückgebliebenen Frauen weitgehend auf sich gestellt.

gefangene, Zwangsarbeiter oder Deserteure eingetroffen. Je nach Nationalität wurden sie interniert, über Frankreich ausgeschafft oder zurückgewiesen. Für zwei Jugoslawen setzte sich sein Vater erfolglos ein. Er musste sie zurück an die Grenze stellen, wo sie am nächsten Tag von den deutschen Grenzwächtern erschossen wurden. Ein deutscher Priester starb an Erschöpfung, wenige Stunden nachdem er im Zollbüro zusammengebrochen war.[46]

Ab 1942 wurde die Grenze auf deutscher Seite mit einem acht Meter breiten und drei Meter hohen Stacheldrahtverhau fast hermetisch abgeriegelt, um die Flucht aus Deutschland zu verunmöglichen. Noch immer gab es kleine Lücken im Zaun, die aber sehr scharf bewacht wurden.

FLUCHT DURCH DIE LÜCKE IM GRENZZAUN

Anna B. flüchtete als junge Frau im Herbst 1944 von Grenzach über den Lenzen nach Bettingen. Als Tochter eines Universitätsprofessors war sie in Freiburg im Breisgau wohlbehütet aufgewachsen. Da ihre Mutter Jüdin war, galt sie nach 1935 gemäss nationalsozialistischem Rassengesetz als Halbjüdin. Sie wurde zunehmend von schulischen Aktivitäten ausgeschlossen und durfte kein Studium antreten. Durch die Vermittlung ihres Bruders fand sie eine Stelle bei der Firma Hoffmann-La Roche in Grenzach. Nachdem ihr der technische Leiter an einem Samstag im November 1944 mitteilte, die Gestapo hole sie am Montag ab, sie müsse ins Lager, ergriff sie die Flucht. Ein Mitarbeiter erklärte ihr den Weg über den Lenzen, gab ihr die Adresse eines Schweizer Mitarbeiters und fünfzig Rappen, damit sie mit dem Tram dorthin fahren könnte. Mit sehr viel Mut und Glück schaffte es die junge Frau an zwei Grenzwächtern vorbei durch die winzige Lücke im Stacheldraht bis zum Zollhaus Bettingen. Die weiteren Stationen waren: der Polizeiposten Riehen, das Basler Untersuchungsgefängnis im Lohnhof, das «Heim für gefallene Mädchen» an der Missionsstrasse, das Quarantänelager an der Elisabethenstrasse, die Lager in Les Avants und in Adliswil. Schliesslich gelang es ihr, dem Flüchtlingslager zu entkommen, indem sie eine Stelle als Dienstmädchen antrat. Rund ein Jahr nach ihrer Flucht erhielt sie dank der Fürsprache des Direktors aus Grenzach eine Stelle bei Hoffmann-La Roche in Basel. Regelmässig musste sie der Fremdenpolizei bestätigen, dass sie so schnell wie möglich ausreisen werde. Erst nachdem sie 1947 einen Schweizer geheiratet hatte, erhielt sie das Recht, im Land zu bleiben.[47]

Auch nach dem Ende des Krieges versuchten noch viele Flüchtlinge, über Riehen und Bettingen in die Schweiz zu kommen. Da die Ernährungslage in Deutschland damals sehr schlecht war, überschritten vor allem Kinder heimlich die Grenze auf der Suche nach etwas Essbarem. Grenzwächter Alfred Schmocker erwischte eine Gruppe von Kindern, die von Lörrach über die Chrischona zu Bettinger Verwandten wollten. Er habe ein Auge zugedrückt, wie er später seiner Verwandten Elsa Stebler-Zuppinger erzählte, obwohl er deswegen seine Stelle hätte verlieren können.[48]

Die Zone hinter dem Zollhaus Richtung Chrischona blieb noch mehrere Jahre gesperrt, wie sich Susanne Rochat-Schoch, die Tochter des damaligen Postenchefs, erinnert.[49] Der hohe Stacheldrahtverhau, der von Kleinhüningen bis ans Grenzacher Horn reichte, wurde erst 1951 entfernt. Willi Bertschmann-Unholz, der als Kind auf dem Junckholz Vieh hütete, erinnert sich an die Reste des Zauns und wie er aus den Holzspulen des Stacheldrahts kleine Hocker baute.

Ab 1950 konnten sich die Einwohnerinnen und Einwohner Riehens und Bettingens im Rahmen des Kleinen Grenzverkehrs bis zu drei Tage im Nachbarland aufhalten. Doch bereits im Folgejahr wurden die Bedingungen wieder verschärft und die Freimengen für mitgeführte Waren eingeschränkt. Ein «Sorgenkind der Anwohner» nannte die «Riehener Zeitung» in ihrer Ausgabe vom 30. März 1951 den Kleinen Grenzverkehr. Trotz zeitweiliger Rückschläge führte der Wirtschaftsboom der 1950er-Jahre zu einer steten Zunahme des Grenzverkehrs und zu einer Lockerung der Vorschriften. Ab 1958 fiel die Grenzkartenpflicht weg, es genügte nun eine Identitätskarte oder ein Personalausweis.

Familie Braun aus Grenzach (links) und Paul Wenk-Löliger aus Riehen treffen sich 1945 am Grenzzaun bei St. Chrischona.

Noch heute finden sich im Bettinger Wald Schilder, die den Grenzübertritt nach Eintritt der Dämmerung verbieten. Nachdem die Schweiz dem Abkommen von Schengen-Dublin beigetreten ist, stellen sie Zeugnisse einer vergangenen Zeit dar – ebenso wie die Grenzsteine mit Wappen untergegangener Herrschaftsgeschlechter.

GRENZVERSCHIEBUNGEN MIT SCHENGEN

Ab den 1980er-Jahren wurden die Zollstationen entlang der Schweizer Grenze sukzessive ausgebaut. Das Grenzwachtkorps veränderte seine Einsatzdoktrin zunehmend von der permanenten und stationären zur mobilen und punktuellen Kontrolle – ein Trend, den der Beitritt der Schweiz zum Abkommen von Schengen-Dublin 2005 noch verstärkt hat. Seit Inkrafttreten des Schengener Abkommens finden an den schweizerischen Grenzübergängen fast nur noch Warenkontrollen statt. Personenkontrollen werden nur im Verdachtsfall durchgeführt, sie können aber auch mehrere Kilometer von der Grenze entfernt im Landesinnern stattfinden. Der weitgehende Verzicht auf Personenkontrollen innerhalb der Schengen-Staaten geht mit einer Verschärfung der Grenzkontrollen an den Schengen-Aussengrenzen einher. Auf ähnliche Weise, wie die Grenzen innerhalb der trinationalen Region Basel während des Zweiten Weltkriegs abgeriegelt wurden, geschieht dies heute an der Schengen-Aussengrenze.

Die Landesgrenze rund um Bettingen hat in den letzten dreissig Jahren enorm an strategischer Bedeutung verloren. Die Schilder, die den Grenzübertritt nach Eintritt der Dämmerung verbieten, haben nur noch Bedeutung als Zeugnisse einer vergangenen Zeit.

NACHBARSCHAFT

Die beiden Weltkriege hatten die Beziehung zu den deutschen Nachbarn empfindlich gestört. Erst in den 1960er-Jahren setzte wieder eine aktive Nachbarschaftspflege auf Behördenebene ein, an der sich auch Bettingen beteiligte. Verschiedene Gremien wie die «Regio Basiliensis» und die «Regio du Haut-Rhin» wurden 1963 und 1965 zu diesem Zweck gebildet. Stärker als die älteren Organisationen konzentriert sich der 2007 gegründete Verein «Trinationaler Eurodistrict» auf konkrete und bürgernahe Projekte.

Mit Riehen, seiner einzigen Nachbargemeinde auf schweizerischer Seite, ist Bettingen heute eng verbunden. Obwohl beide Gemeinden fast zur gleichen Zeit an die Stadt Basel verkauft worden waren und viele ähnliche Herausforderungen zu bewältigen hatten, gingen sie dabei jahrhundertelang immer auch eigene Wege. Im Zusammenhang mit dem Ringen um mehr Gemeindeautonomie in den 1960er-Jahren eröffneten sich zahlreiche Möglichkeiten zur Kooperation, die in den vergangenen fünfzig Jahren laufend ausgebaut wurden. So setzen sich beide Gemeinden gemeinsam für Bauschutzzonen an der Grenze ein, haben ein gemeinsames Abfallentsorgungskonzept, teilen sich die Arbeiten der spitalexternen Hilfe (Spitex), führen Schulen und Kindergärten gemeinsam, um nur die wichtigsten Felder der Zusammenarbeit zu nennen. Zudem führt Riehen seit 2007 im Auftrag von Bettingen die Sozialhilfe.

«Dort auf der Wiese hinter dem Brunnen stand das Haus, in dem ich aufgewachsen bin.» Lily Tschanz-Wagner steht auf dem Platz vor dem Gemeindehaus und zeigt mit der Hand auf die andere Strassenseite. Ihre Eltern waren Kleinbauern: «Dr Vater het büürlet, meh schlächt als rächt», sagt sie mit leiser Stimme. Einen Beruf lernen durfte sie nicht. «Es kamen ja noch drei Brüder nach.» So musste sie direkt nach der Schule zum Familieneinkommen beitragen. Sie arbeitete bei der Metallfabrik Sauter an der Drehbank, später in der Pralinéabteilung der Bäckerei-Konditorei Singer. Jeden Tag fuhr sie mit dem Velo frühmorgens nach Basel und am Abend wieder den Berg hoch zurück.

Ihre Tante arbeitete in der Küche des Brüderhauses St. Chrischona und verbrachte die freien Tage bei ihren Eltern. Kehrte sie wieder auf die Chrischona zurück, begleitete Lily sie jeweils mit dem Hund ein Stück des Wegs. Der führte am Zollhaus vorbei. Dort begegnete sie 1944 Otto Tschanz, der gleich nach der Zöllnerschule seine erste Stelle in Bettingen angetreten hatte. Man kam ins Gespräch. Otto freute sich immer über die schöne Abwechslung. Als die beiden ein Paar wurden, besuchte er auch Lilys Familie. Doch sobald die Zolldirektion von dieser Liebe erfuhr, wurden die beiden getrennt. Otto wurde nach Lucelle im Jura versetzt, so weit weg von Bettingen wie möglich. An seinen freien Tagen kam er hin und wieder zu Besuch, ein langer Weg mit dem Velo.

Am 24. Oktober 1945 heirateten die beiden in der Chrischonakirche. «Ich war einundzwanzig und wollte weg von zu Hause», sagt Lily Tschanz. «Der Mutter ging es nicht gut. Jesses, dachte ich, wenn sie stirbt, muss ich zu drei Buben schauen.» Hochzeitsreise? Die bestand für das frisch verheiratete Paar aus einem Besuch bei den Schwiegereltern in Lommis im Thurgau. Das Korn musste gedroschen werden, wir mussten chrampfen, erzählt Lily Tschanz.

LILY TSCHANZ-WAGNER

So ging das in allen Ferien. «Dafür bekamen wir Eier, ein Säcklein Mehl, ein bisschen Speck. Heute würde ich das nicht mehr machen, aber damals kam es mir nicht in den Sinn, zu widersprechen.» Um wegzufahren, fehlte das Geld. Als verheirateter Grenzwächter verdiente ihr Mann in Schwaderloch bei Rheinfelden zweihundertdreissig Franken. Dort kam Tochter Elisabeth zur Welt. Zwei Jahre später verpackte Lily Tschanz den Haushalt in Kisten, richtete ihn in Allschwil, an der Grenze zu Neuwiller, wieder neu ein und gebar Sohn Werner. Nochmals zwei Jahre später zogen sie weiter der Landesgrenze entlang nach Flüh. «Man hat die Zöllner absichtlich so oft versetzt, damit sie sich nicht zu stark mit den Leuten vor Ort anfreundeten», erklärt Lily Tschanz. Nun kam die Tochter ins Schulalter und auch ihr Mann hatte genug vom Umherziehen. Er bewarb sich für den Zivildienst am Badischen Bahnhof. Die junge Familie zog nach Riehen, in die Wohngenossenschaft Neumatten, wo Lily Tschanz nach dem Auszug der Kinder und dem Tod ihres Mannes bis heute wohnt.

Von Riehen aus fuhr sie fast täglich nach Bettingen, um ein Stück ererbtes Land zu bewirtschaften. Erst vor ein paar Jahren hat sie es verpachtet. Heute geniesst sie es, einfach so nach Bettingen zu kommen, um alte Schulfreundinnen wiederzusehen oder einen Jass zu klopfen.

1 Bloch 1995, S. 207–235.
2 Richter 1999, S. 254.
3 Moehring 1973, S. 16.
4 Raith 2004, S. 52f.
5 Ebd., S. 55–58.
6 URL: www.inzlingen.ch, Zugriff: 26.09.2010.
7 Richter 2001, S. 10.
8 Reimann 2003, S. 58.
9 Sammlung Michael Raith: Ordner 1, Fischer, Kurt: Bettingen und seine Grenzen, unveröffentlichtes Typoskript, undatiert.
10 Richter 1999, S. 258.
11 StABS: Gemeindearchiv Bettingen (1786–1985), Protokolle des Gemeinderates (1920–1936), Sitzung vom 30.08.1922.
12 Schnyder/Meyrat/Koellreuter/Hagmann/Hess 2010, S. 75.
13 BAR: Zollamt Bettingen, E6351F#1968/89#326*, 292-8.
14 Gespräch mit Willi Bertschmann-Unholz, Elsa Stebler-Zuppinger und Lily Tschanz-Wagner, 22.09.2010.
15 BAR: Zollamt Bettingen, E6351D#1000/1042#3295*, 116-3, Bd. 54.
16 BAR: Brief des Eidgen. Departementes des Innern an die Oberzolldirektion Bern vom 14.07.1920, Bettingen; Erstellung eines Zollgebäudes, E6351B#1000/1040#14354*, 135-1, Bd. 266.
17 BAR: Schreiben der Direktion des I. Schweiz. Zollkreises an die Oberzolldirektion in Bern vom 06.06.1925 und Schreiben der Oberzolldirektion vom 10.06.1925, Buchweg bei Bettingen, E6351D#1000/1042#3295*, 116-3, Bd. 54.
18 Gespräch mit Edith Bloch-Müller, 22.09.2010.
19 BAR: Landwirtschaftlicher Bewirtschaftungsverkehr im Raum Bettingen, E6353G#2000/298#85*, 1.03-026/12.1971, Bd. 11.
20 Moehring/Zuckert 2000, S. 10.
21 Privatarchiv Johannes Wenk-Madoery: Ammann, Julius: Im Ersten Weltkrieg, unveröffentlichte Aufzeichnungen, und Veiel 1940.
22 StABS: Gemeindearchiv Bettingen (1786–1985), Protokolle des Gemeinderates (1903–1920), Sitzung vom 22.06.1918.
23 Veiel 1940, S. 185.
24 StABS: Gemeindearchiv Bettingen (1786–1985), Protokolle des Gemeinderates (1903–1920), Sitzung vom 13.07.1918.
25 StABS: Gemeindearchiv Bettingen (1786–1985), Protokolle des Gemeinderates (1903–1920), Sitzung vom 16.10.1918.
26 Privatarchiv Johannes Wenk-Madoery: Jahresbericht der Anstalt für schwach begabte/schwachbegabte Taubstumme in Bettingen, Jg. 17 (1918/19).
27 Privatarchiv Johannes Wenk-Madoery: Ammann, Julius: Im Ersten Weltkrieg, unveröffentlichte Aufzeichnungen.
28 Veiel 1940, S. 180–192.
29 Chronik Grenzwachtposten Inzlingerstrasse, S. 9, zit. nach Seiler/Wacker 1997, S. 22.
30 Jaquet-Anderfuhren 1985, S. 76–108.
31 StABS: Gemeindearchiv Bettingen (1786–1985), Protokolle des Gemeinderates (1936–1951), Sitzung vom 21.10.1936.
32 StABS: Gemeindearchiv Bettingen (1786–1985), Protokolle des Gemeinderates (1936–1951), Sitzung vom 28.04.1937.
33 Privatarchiv Johannes Wenk-Madoery: Ammann, Julius: Der Zweite Weltkrieg, unveröffentlichte Aufzeichnungen.
34 Gespräch mit Willi Bertschmann-Unholz, Elsa Stebler-Zuppinger und Lily Tschanz-Wagner, 22.09.2010.
35 Weissenberger 1989, S. 19–29.
36 Privatarchiv Johannes Wenk-Madoery: Ammann, Julius: Der Zweite Weltkrieg, unveröffentlichte Aufzeichnungen.
37 Gespräch mit Willi Bertschmann-Unholz, Elsa Stebler-Zuppinger und Lily Tschanz-Wagner, 22.09.2010.
38 Gespräch mit Willi Bertschmann-Unholz, Elsa Stebler-Zuppinger und Lily Tschanz-Wagner, 22.09.2010.
39 Gespräch mit Nelly Bernhard-Schlup, 24.09.2010.
40 StABS: Gemeindearchiv Bettingen, A 4.2a Korrespondenz Gemeinderat (Ein- und Ausgänge), 1933–1944, Gemeinderat an den Vorsteher des Departement des Innern, 21.08.1940.
41 StABS: Gemeindearchiv Bettingen, A 4.2a Korrespondenz Gemeinderat (Ein- und Ausgänge), 1933–1944, Kantonale Arbeitseinsatz-Stelle an Armeekorps, 23.08.1940.
42 Seiler/Wacker 1997, S. 98–108.
43 Ebd., S. 102.
44 Ebd.
45 Ebd., S. 107.
46 Seiler 2004, S. 38f.
47 Ebd., S. 41f.
48 Gespräch mit Willi Bertschmann-Unholz, Elsa Stebler-Zuppinger und Lily Tschanz-Wagner, 22.09.2010.
49 Brief von Susanne Rochat-Schoch an Sibylle Meyrat, 22.09.2010.

St. Chrischona.

LICHTDRUCK VON H. SPEISER, BASEL

Die Anfänge der Pilgermission St. Chrischona. Auf der Abbildung ist
der grosse Bauernhof sowie dahinter der Giebel des ersten Brüderhauses,
der «Alten Heimat», zu sehen. Die Postkarte aus den 1910er-Jahren
zeigt zudem den Turm des Vorgängerbaus der Kirche, der vom Neubau
des 16. Jahrhunderts umschlossen ist.

KIRCHE AUF DEM BERG UND IM TAL

Bettingen ist von keiner Kirche geprägt. Erst seit 1963 gibt es einen un-
auffälligen Kirchenpavillon im Dorf. Bis dahin musste die zur reformierten
Kirchgemeinde Riehen-Bettingen gehörende Bevölkerung bergauf zur
St. Chrischonakirche oder bergab nach Riehen in die Dorfkirche zum
Gottesdienst gehen. Auch wenn der Kirchgang in Bettingen kaum zum
traditionellen Dorfleben gehörte, waren die Ortsbürger fast ausnahmslos
reformiert. 1910 konnte man die Katholiken in Bettingen an einer Hand
abzählen. Heute sind rund fünfzehn Prozent der Bevölkerung katholisch.
Kirchlich gehören sie zur Pfarrei St. Franziskus in Riehen. Die einstige
Wallfahrtskirche St. Chrischona, deren heutige Form auf die Jahre 1509
und 1516 zurückgeht, wurde nach der Reformation kaum mehr genutzt
und verwahrloste ihrer abgelegenen Lage wegen zunehmend. 1840 gründete
Christian Friedrich Spittler dort die Pilgermission St. Chrischona.

DIE KIRCHE AUF DEM BERG

Als im Rahmen der Publikation «Mythische Orte am Oberrhein» des Christoph Merian Verlags im Jahr 2005 St. Chrischona oberhalb des Dorfes als mythischer Ort gekennzeichnet wurde, war man davon nicht überall begeistert. Für die dort ansässige Pilgermission St. Chrischona steht der Ort am höchsten Punkt des Kantons nicht in erster Linie für Mythen und Legenden, sondern vielmehr für das Wunder göttlichen Wirkens. Tatsächlich erlangte die kleine Kirche auf dem Dinkelberg bereits in vorreformatorischer Zeit als Wallfahrtsort einige Beliebtheit. Heute ist sie Mittelpunkt der Pilgermission St. Chrischona. 1965 beschloss der Grosse Rat, die Kirche der Pilgermission zu schenken. Im Gegenzug musste diese sich zu einer gründlichen Renovation verpflichten und gewährleisten, dass der Kirchenraum, der Turm sowie die Aussichtsterrasse für Besucherinnen und Besucher weiterhin zugänglich bleibt.

VON KINDERGRÄBERN UND FLURNAMEN

Seit wann sich eine Kirche auf dem Dinkelberg erhebt, kann bis heute nicht genau gesagt werden. Die in der Region verbreitete Gründungslegende rund um die heilige Christiana – oder im Volksmund Chrischona –, deren Namen die Kirche bis heute trägt, ist nicht historisch belegt. Bei Ausgrabungen in den Jahren 1974/75 stiess die Forschungsgruppe des Kantonsarchäologen Rudolf Moosbrugger-Leu im Bereich des heutigen Chores auf ein frühmittelalterliches Grab aus Steinplatten. Die Untersuchungen legen nahe, dass unmittelbar westlich davon noch im 7. Jahrhundert die erste Kirche mit Saal und rechteckigem Chor entstand. Diese wurde in karolingischer Zeit (8./9. Jahrhundert) ausgebaut und erhielt an der Ostseite eine halbrunde Apsis mit Altar, die über dem Plattengrab zu stehen kam. Die karolingische Kirche wurde zu Beginn des zweiten Jahrtausends durch einen romanischen Neubau ersetzt, der einen halbrunden Chor sowie ein schlichtes Langhaus, jedoch wahrscheinlich noch keinen Kirchturm aufwies.[1]

Sicher seit dem Bau der romanischen Kirche begann man, im Umfeld zu bestatten. Die Ausgrabungen in den 1970er-Jahren stiessen auf einundneunzig mittelalterliche Gräber, davon sechsundfünfzig Kindergräber. Die hohe Anzahl Kindergräber erklärte Rudolf Moosbrugger-Leu mit einer plausiblen Theorie: Er nimmt an, dass die Kirche nicht von Anfang an Chrischona geweiht war, sondern dem heiligen Brictius. Dieser wurde 397 Amtsnachfolger des Bischofs Martin von Tours. Brictius galt als Schutzpatron der Kinder und wurde in der Region sehr verehrt. Nicht nur die besondere Häufung von Kindergräbern, sondern auch die Flurnamen sprechen für diese Theorie. Das Chrischonatal kannte man im 19. Jahrhundert noch als Britzigtal und bis ins 16. Jahrhundert wurde St. Chrischona zum Britzigbann gezählt. Ludwig Emil Iselin verweist in der ersten Ortsgeschichte Bettingens darauf, dass die Kirche schon früh mit einem zugehörigen Grundbesitz ausgestattet war, der nach einer Angabe aus dem Jahr 1538 hundert Jucharten umfasste und hauptsächlich der alten Siedlung des Britzighofs entsprochen habe.[2] Erst in der Frühen Neuzeit begann der Name Chrischona allmählich den Namen Britzig aus der Umgebung der Kirche zu verdrängen.[3]

Bis heute ist die Aussichtsterrasse bei der kleinen Kirche auf St. Chrischona ein beliebtes Ausflugsziel. Postkarte um 1910.

DER GOTISCHE NEUBAU UND DIE LEGENDE DER HEILIGEN CHRISCHONA

Um 1340 entstand anstelle der romanischen Kirche ein gotisches Gotteshaus. In diesen Zeitraum fällt die zunehmende Bedeutung der Legende um die Jungfrau Chrischona. Ausdrücklich erwähnt eine Notiz im Jahr 1360 «die Kirche von Krenzach mit der Filialkirche der heiligen Christine im Dekanat Warmbach, welche zum Oberdekanat Breisgau gehört». Eine andere Notiz aus dem Jahr 1493 nennt einen Altar der heiligen Jungfrau Maria in der Filialkapelle der heiligen Christina.[4] Kirchlich gehörte Bettingen, wie alle rechtsrheinischen Dörfer, zum Bistum Konstanz. Bis ins 16. Jahrhundert richtete sich das Dorf politisch und kirchlich nach St. Chrischona und nach Grenzach aus. Bis 1848 waren die Bettinger verpflichtet, dem Pfarrer von Grenzach, zu dessen Pfarramt St. Chrischona gehörte, den Kirchenzehnten, eine Art Naturalsteuer, abzugeben.

LEGENDEN DER HEILIGEN CHRISCHONA

Die Legenden, die sich rund um St. Chrischona ranken und über Jahrhunderte im Basler Volksglauben kursierten, zeigen die grosse Bedeutung des abgelegenen Kirchleins innerhalb der Heiligenverehrung der Region. Die älteste Legende stammt wohl aus dem 13. oder 14. Jahrhundert. Ihre früheste schriftliche Überlieferung stammt aus den «Carmina» von Sebastian Brandt. Dieser zählt Chrischona zu den elftausend Jungfrauen, den Begleiterinnen der historisch nicht belegbaren heiligen Ursula auf ihrer Wallfahrt von England nach Rom im 3. oder 5. Jahrhundert. Laut Brandt erkrankte Chrischona auf dem Rückweg, weshalb sie den Zug der heiligen Ursula verliess. Während die Jungfrauen ihrem Märtyrertod in Köln entgegenfuhren, gelangte Chrischona dem Rhein entlang nach Grenzach, wo sie am Ufer vor Erschöpfung starb. Ihre Leiche wurde auf einen Wagen gelegt, vor den man Rinder spannte. Diese strebten ohne menschliche Führung dem höchsten Punkt des Dinkelberges zu, wo man Chrischona begrub.[5] Eine Variante aus dem 15. Jahrhundert nennt nebst Chrischona die Jungfrauen Kunigundis, Wibrandis und Mechtrudis, die gemeinsam mit ihr in Wyhlen das Schiff verliessen. Während Chrischona gleich am Rhein verstarb, verendeten ihre drei Begleiterinnen erst in der Nähe von Eichsel. Eine andere Version erzählt von drei Schwestern eines finsteren

Burgherrn von Pfeffingen, denen drei Brüder von Thierstein den Hof machten. Der böse Ritter liess die Freier enthaupten, woraufhin die Schwestern entsetzt flohen und jede für sich einen Ort suchte, um ihren Seelenfrieden zu finden. Chrischona liess sich auf dem Dinkelberg, Margaretha auf dem Bruderholz und Ottilia auf dem Tüllinger Berg nieder. An der Stelle ihrer Einsiedeleien sollen die heutigen Kirchlein entstanden sein. In einer Variante dieser Legende liess der böse Burgherr von Münchenstein die drei Ritter der Nachbarburg Reichenstein köpfen.[6]

Im 15. Jahrhundert wurde die Kirche, die damals als Gotteshaus Bettingens galt, als Wallfahrtsort populär. In Sebastian Brandts Lobgesang auf St. Chrischona betonte der Dichter, ihr fehle zur Heiligsprechung bloss noch die Kanonisierung durch den Papst.[7] Dazu kam es jedoch nie. In einen heiligenähnlichen Stand wurde Chrischona durch den Reliquiensammler und päpstlichen Legat Kardinal Raymund Peraudi versetzt. Als dieser 1504 nach Basel kam, erhob er die Gebeine aus dem Plattengrab unter dem Altar in einer feierlichen Messe in ein Reliquiengrab. Der Zeremonie sollen insgesamt fünf- bis sechstausend Personen beigewohnt haben.[8] Vermehrt wurden nun auch Wundertaten der Chrischona bekannt. Die alte Kirche hielt dem Zustrom von Pilgern kaum mehr stand, so dass ein grösseres, der verehrten Jungfrau angemessenes Gotteshaus notwendig wurde. Basel, seit 1513 neue Besitzerin Bettingens, schloss den bereits zu Beginn des Jahrhunderts begonnenen Umbau der Kirche 1516 ab. Das Interesse der Stadt am abgelegenen Bergdorf war nicht zuletzt der populären Wallfahrtskirche wegen gross.

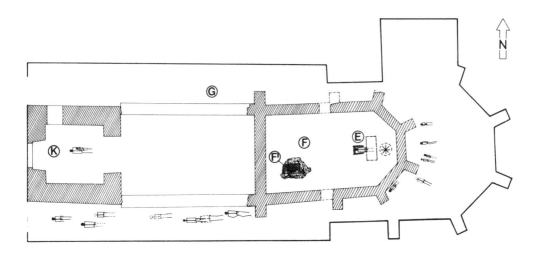

Rudolf Moosbrugger-Leu konnte durch seine archäologischen Funde die Geschichte der Chrischonakirche aufarbeiten. Die Skizze stellt dar, wie der romanische Chor um 1340 einem gotischen Polygonalchor weichen musste, während um die Mitte des 15. Jahrhunderts die Vorhalle zum Turm umgestaltet wurde. In dieser Kirche suchte Kardinal Raymund Peraudi nach dem Grab der Chrischona. Die im Plattengrab gefundenen Gebeine liess er im Reliquiengrab «F'» deponieren. Die Umrisse bezeichnen den spätgotischen Bau, welcher der Chrischonakirche bis heute ihr Gesicht gibt. 1509 wurde der Chor fertiggestellt, der nun weiter gegen Osten reichte. Durch diese Verschiebung geriet das Reliquiengrab «F'» nun in den Einzugsbereich des Langhauses, das auf 1516 datiert wird.[9]

REFORMATIONSBESTREBUNGEN, ABERGLAUBEN UND VERWAHRLOSUNG

Der neue Glanz der kleinen Kirche auf dem Dinkelberg währte nicht lange. 1529 galt in Stadt und Landschaft Basel allein die reformierte Lehre. Die unter österreichischem Einfluss stehenden Dörfer Stetten, Inzlingen und Wyhlen blieben katholisch. Für Bettingen war die Situation besonders kompliziert, da Basel als Besitzerin des Bannes und der Kirche reformiert war, der Herr von Grenzach und somit ihr Schirmherr, der Markgraf Ernst zu Baden und Hochberg, aber dem katholischen Glauben treu blieb. Basel setzte sich bald durch in religiösen Belangen. 1531 wurden sämtliche Kultgegenstände und Reliquienobjekte aus der Kirche entfernt. Alles, was Metallwert hatte, wurde eingeschmolzen.[10] 1556 führten Weil und Grenzach den lutherischen Kultus ein. Bis dahin kam es verschiedentlich zu Auseinandersetzungen zwischen den in Bettingen wohnenden reformierten baslerischen und den zur Badener Vogtei von Rötteln gehörenden katholischen Untertanen. Letztere versuchten, die reformierten Bettinger daran zu hindern, an den abgeschafften Feiertagen zu arbeiten. Bürgermeister Heinrich Meltinger und der Landvogt von Rötteln einigten sich schliesslich darauf, dass die Basler Untertanen künftig an katholischen Feiertagen arbeiten dürfen.[11]

Trotz der Reformation blieb an der Kirche St. Chrischona ein Rest der einstigen Verehrung haften. So ist aus dem Jahr 1592 überliefert, dass der Pfarrer von Riehen öfters «wegen grossen Volkszulaufs» dort zu predigen hatte, «damit der eingerissene Aberglaube, bei der Jungfrau die Heilung von Zahnweh zu erlangen, ausgerottet und die wahre Religion Christi den fremden Leuten verkündiget werde.»[12] Noch im 19. Jahrhundert versprach der Volksmund, wer auf St. Chrischona den Kopf ins Beinhaus hineinstecke, werde vom Zahnweh geheilt.[13]

Während des Dreissigjährigen Krieges wurde die Chrischonakirche stark in Mitleidenschaft gezogen. 1633 verwüsteten kaiserliche Truppen die Kirche im Inneren und 1634 sollen die vorbeiziehenden Schweden das Blei vom Kirchturm gestohlen und die Kirche geplündert haben. «Die Fenster wurden aller Orten von den Soldaten nur darum eingeschmissen, damit sie die Fügungen von Bley davon nehmen und Schiess-Kugeln daraus giessen könnten.»[14] Die erste Glocke der Kirche, die Bettingen 1465 bei der Giesserei Peter Hans Scholer hatte herstellen lassen, fiel ebenfalls dem Krieg zum Opfer.[15]

Das nunmehr arg in Mitleidenschaft gezogene Gotteshaus mit den rund hundert Jucharten dazugehörigen Landes musste von der Stadt Basel gewinnbringend genutzt werden. Deshalb vergab das Deputatenamt seit dem 17. Jahrhundert die Stellung des Meiers der Chrischonagüter an landwirtschaftlich tüchtige, auswärtige Lehensmänner. Die Bettinger Bevölkerung betrachtete die Chrischonagüter deshalb nicht mehr als Teil ihrer Gemeinde. Im 18. Jahrhundert strich das Deputatenamt die Stelle des Kirchenmeiers ganz. Als man im Jahr 1798 die Staatsliegenschaften amtlich feststellen wollte, konnten für das Chrischonagut nur noch achtzig Jucharten nachgewiesen werden. Das Gut, die Kirche und der Gottesacker befanden sich in einem schlechten Zustand. 1818 schliesslich verkaufte das Deputatenamt die Chrischonagüter an Privatbesitzer. Das Eigentumsrecht an der Kirche behielt sich die Basler Regierung jedoch vor. Das Pfarramt Riehen-Bettingen berichtete 1842 über verheerende Zustände: Der Gutsbesitzer benutze den Kirchenraum als Holzlager, Heuschopf und Viehstall. Die Kanzel, ein unförmiges Brettergefüge auf schwachen Pfählen, wage der Pfarrer nicht mehr zu besteigen. Er predige vom Treppenabsatz beim Chor aus.[16]

PILGERMISSION UND ST. CHRISCHONA

Lange war es her, dass Pilgerströme auf St. Chrischona ihr Heil suchten. Zu Beginn des 19. Jahrhunderts war die Kirche heruntergekommen und im Inneren verwüstet. Christian Friedrich Spittler, Sekretär der Christentumsgesellschaft und rühriger Gründer evangelischer Werke, erkannte deren Potenzial. Im Jahr 1839 richtete er ein Gesuch an das Deputatenamt in Basel. Er wolle die Kirche der Entweihung entziehen und ihr durch die Gründung einer «Anstalt für Pilgermission» wieder ihre Bestimmung als Gotteshaus zurückgeben.[17] Spittlers Ansinnen wurde unterstützt. Mit dem 1840 gegründeten Missionswerk legte er den Grundstein der heutigen Pilgermission St. Chrischona.

Blick vom Fernsehturm St. Chrischona, 2010. Zum ausgedehnten Campus der Pilgermission St. Chrischona gehören 2010 ein theologisches Seminar, ein Gäste- und Konferenzbetrieb, diverse Verwaltungs- und Wohngebäude sowie ein landwirtschaftlicher Betrieb. Vierundzwanzig Mitarbeitende wohnen hier mit ihren Familien. Gemäss den Angaben der Pilgermission begeben sich jährlich rund achttausend Konferenzbesucherinnen und -besucher auf den Berg, 2010 besuchten 127 Studierende bei zehn vollangestellten Dozenten das theologische Seminar. In den letzten hundertsiebzig Jahren hat sich auf dem Dinkelberg eine vom Dorf Bettingen unabhängige, evangelikale Gemeinschaft entwickelt, die dennoch Teil der politischen Gemeinde ist.

DIE GRÜNDUNG DER PILGERMISSION AUF ST. CHRISCHONA

Dass eine solche Gründung überhaupt möglich war, lag an Basel, das für sogenannte «Reich-Gottes-Werke» als günstiger Standort galt. In den 1830er-Jahren verstärkte sich im neuen Stadt-kanton die Verbindung pietistischer Kreise mit dem politischen Konservatismus. Die Obrigkei-ten gewährten den Erneuerungsbewegungen der evangelischen Kirche Deutschlands in Basel Versammlungsfreiheit. Eine für Basel besonders prägende Figur war Christian Friedrich Spittler, der 1801 als Sekretär der Christentumsgesellschaft aus Württemberg in die Stadt kam. In dieser Funktion gründete er bedeutende Institutionen wie 1815 die Basler Mission oder 1852 das Dia-konissenhaus Riehen.[18] 1840 gilt als das Gründungsjahr der Pilgermission St. Chrischona. Im Gegensatz zur Basler Mission, die Missionare für die «äussere Mission», die Bekehrung «Ungläu-biger» ausserhalb Europas ausbildete, sollten die Brüder der Pilgermission dafür sorgen, dass aus hiesigen Christen keine Heiden werden, indem sie ihre Tätigkeit als Missionshelfer, Katecheten und Bibelstundenhalter in der «inneren Mission» aufnahmen.[19]

Die ersten Brüder lebten unter einfachsten Bedingungen im Kirchlein St. Chrischona. 1859 konnte Spittler das Chrischonagut erwerben und damit die Verhältnisse etwas verbessern, zudem war 1860 für das stets wachsende Werk ein Brüderhaus gebaut worden.

Nach dem Tod Spittlers übernahm im Jahr 1868 Carl Heinrich Rappard die Leitung. Gemein-sam mit seiner Frau Dora gab er dem Werk seine heutige Ausrichtung. Unter seiner Leitung entwickelte sich die Missionsschule zur ersten Evangelistenschule, das heisst Predigerschule, im deutschsprachigen Raum. Bereits ein Jahr nach seinem Amtsantritt legte er den Grundstein für das Schweizerische Gemeinschaftswerk der Pilgermission, 1877 folgte die Gründung des Pilger-missionswerks in Deutschland. Während der Amtszeit Rappards wuchs das Werk gewaltig an. Siebenhundert Brüder bildete er bis zu seinem Tod im Jahr 1909 aus.

Nachfolger Rappards wurde sein Schwiegersohn Friedrich Veiel. Er geleitete das Werk durch die beiden Weltkriege. Hart an der Grenze und mit vielen deutschen Brüdern war die Pilgermis-sion stark von den Kriegen betroffen, was in Veiels Schrift zum hundertjährigen Geburtstag des Werkes 1940 deutlich wird.[20] Unter seiner Leitung wurden ab 1913 auch im Elsass Chrischona-Gemeinden begründet, so dass die Pilgermission nach dem Ersten Weltkrieg auch mit Frankreich als drittem Land neben der Schweiz und Deutschland verbunden war. Für die verlegerische und buchhändlerische Tätigkeit des Werkes schuf Veiel 1919 in Giessen und 1921 in Basel den Brun-nen-Verlag und seit 1909 die Chrischona-Buchhandlungen in Deutschland. Zudem wurde 1925 das Diakonissen-Mutterhaus St. Chrischona eingerichtet.

In den 1930er-Jahren entwickelte sich der Schweizer Zweig der Pilgermission St. Chrischo-na zur Freikirche. Bisher waren die Chrischona-Gemeinden in die reformierten Landeskirchen integriert, ihre Mitglieder besuchten dort den Sonntagmorgen-Gottesdienst und feierten eigene Gottesdienste zu anderer Zeit. Nun gingen die Chrischona-Gemeinden in der Schweiz dazu über, eigene Sonntagmorgen-Gottesdienste abzuhalten und Taufe und Abendmahl selbst zu spenden.[21] In Deutschland ist die Pilgermission St. Chrischona bis heute ein Gemeinschaftswerk innerhalb der evangelischen Kirche geblieben.

Werkstätte auf St. Chrischona. Bis heute gehört bei der Pilgermission St. Chrischona die Arbeit in einem der Betriebe mit zum Bildungskonzept.

BEKEHRT UND BEWEGT – AUSBILDUNGEN AUF ST. CHRISCHONA

Für die Ausbildung auf St. Chrischona war von Anfang an prägend, dass diese nicht nur im Hörsaal stattfindet, sondern ebenso beim Arbeiten. Eindrückliches Beispiel dafür ist der Beitrag der Köchin Christiane Pregizer, der ersten Frau, die auf dem Berg Einzug hielt. 1851 trat sie in die Pilgermissionsanstalt ein. Ihr Reich war die Anstaltsküche unten im Kirchturm, «fünf und einen halben Fuss breit». Hier befanden sich zugleich die Backstube, der Eingang in den Keller, die Speisekammer und der Ofen für die Luftheizung. Und hier erteilte Christiane Pregizer den Brüdern Kochunterricht. Nach getaner Arbeit musste sie mit dem Hausvater Johann Ludwig Schneller die Bibel lesen. Dieser erklärte der Köchin die tägliche Lektion der Zöglinge, so dass Christiane Pregizer «die Erziehung Gottes an ihnen durch ihre eigene innere Reife zu unterstützen und zu führen» verstand.[22]

Seither hat sich vieles in der Ausbildung verändert. Bereits Carl Heinrich Rappard verlängerte das Studium auf vier Jahre mit integriertem Probejahr, das im landwirtschaftlichen Betrieb zu bestehen war. Die Einrichtung der einjährigen Bibelschule für Frauen 1909 führte weiter zur Gründung des Diakonissen-Mutterhauses St. Chrischona im Jahr 1925, so dass die Frauen durch ihren Auftrag eine eigenständige Position erlangten. Das Diakonissen-Mutterhaus ist heute von der Pilgermission unabhängig organisiert.

In den 1960er-Jahren kamen Sommerpraktika und eine Kurzbibelschule für Laien hinzu. 1975 wurde die seit 1958 zweijährige Bibelschule für Frauen durch ein katechetisches Seminar ergänzt. In den 1990er-Jahren schliesslich erfuhr der gesamte Ausbildungsbereich eine Studienreform: 1994 wurden die Frauenbibelschule sowie das Prediger- und Missionsseminar zusammengelegt zum «Theologischen Seminar St. Chrischona» (tsc). Seither besuchen Männer und Frauen dieselbe Ausbildung auf St. Chrischona.

Bis 1992 war das Studium unentgeltlich. Als Kompensation wurden die Seminaristen zu geregelten Zeiten für praktische Arbeiten eingesetzt. «Es konnte durchaus mal vorkommen, dass am Morgen nach der Andacht der Verwalter vor der Tür stand und verkündete, dass man heute heuen muss», erinnert sich Markus Müller, Direktor der Pilgermission St. Chrischona.[23] Die Studierenden können sich heute ihre Arbeitseinsätze als individuelle Arbeitspakete zusammenstellen. Mit den geleisteten Stunden begleichen sie immerhin noch einen Teil der Kosten ihres Aufenthalts. Die rund zwanzig festangestellten Mitarbeitenden haben zu einem grossen Teil die Ausbildung auf St. Chrischona selbst absolviert und wurden dann für eine Aufgabe angefragt. Teil des Stellenprofils eines jeden Chrischona-Mitarbeitenden, sei es in der Land- oder Hauswirtschaft, ist die pädagogische Arbeit mit den Studierenden.[24]

HERVORRAGENDE FRAUEN UND TRADITIONELLE WERTE

Die wohl herausragendste weibliche Persönlichkeit auf St. Chrischona war Dora Rappard-Gobat, auch «Mutter von St. Chrischona» genannt. Die Gattin des einflussreichen Inspektors Carl Heinrich Rappard war nicht nur Mutter von zehn Kindern, sondern auch Hausmutter für die Chrischonabrüder, Kassenführerin des Werkes, Redakteurin des «Glaubensboten», Komponistin von Gemeinschaftsliedern und zu guter Letzt auch Predigerin in den ersten Evangelisationsveranstaltungen für Frauen. Dennoch betonte sie, dass Mütterlichkeit das schönste Frauenrecht sei, und verurteilte emanzipatorische Wünsche als Verstösse gegen Gottes Ordnung.[25] Sie war überzeugt davon, es sei Gott, der sie an diesen Platz an der Seite ihres Gatten gestellt habe. So konnte sie ihre eigene Emanzipation nicht als Hochmut, sondern als göttliche Vorsehung definieren. Die 1909 entstandene Bibelschule für Frauen leitete ihre Tochter, Maria Rappard. Sie bot jungen Frauen die Möglichkeit, sich für einen Dienst in der inneren oder äusseren Mission ausbilden zu lassen. 1958 wurde die einjährige Ausbildung auf zwei Jahre verlängert. Lange Zeit war der Kontakt zwischen den Studenten des Seminars und den Bibelschülerinnen streng untersagt. Als die beiden Einrichtungen 1994 zusammengelegt wurden, versuchte man, Freundschaften zwischen Studentinnen und Studenten zu verbieten. Dies erwies sich jedoch bald als unhaltbar, weshalb man die Regel auf das erste Studienjahr beschränkte. 1996 erlaubte man erstmals Heiraten, aber nur in den Semesterpausen. 1999 wurde auch diese Regel ersatzlos gestrichen. Seither steht es den Studierenden frei, wann sie den Bund der Ehe schliessen wollen. Die traditionelle Rolle der Frau in Ehe und Familie spielt auf St. Chrischona bis heute eine wichtige Rolle.

REFORMIERTES BETTINGEN

In Bettingens Zentrum steht ein grosser Lindenbaum. Kein Kirchplatz, kein Kirchturm und bis in die 1960er-Jahre nicht einmal ein Kirchenraum versammelte die Menschen im Dorf am Sonntag. Möglicherweise stand im ersten Jahrtausend eine kleine Hilarius-Kapelle etwas östlich des Dorfzentrums, links von der heutigen Steinengasse. Auf der Karte zur letzten Dorfchronik von 1963 verweist der alte Flurname «Im Sankellöri» noch auf diese verschwundene, vielleicht einst zum Dorf gehörige Kapelle.[26]

DIE ANFÄNGE DER REFORMIERTEN KIRCHGEMEINDE RIEHEN-BETTINGEN

Bald nach der Reformation wurde Bettingen mit Riehen zu einer Kirchgemeinde zusammengelegt. Das genaue Datum ist nicht überliefert. Aus dem ersten reformierten Taufregister von Riehen-Bettingen geht hervor, dass das Selbstverständnis der konfessionell neu gebildeten Gemeinde noch keineswegs scharf abgegrenzt oder gefestigt war. Über die Grenze hinweg wurden Mischehen eingegangen, Kinder katholischer Eltern evangelisch getauft und Patenschaften für evangelische Kinder von Katholiken übernommen.[27] Im Volk hatte sich der konfessionelle Gegensatz noch kaum durchgesetzt.

Vielmehr etablierte der Staat die reformierten Pfarrer als wichtige Vertreter der Obrigkeiten. Der Pfarrer von Riehen hatte demnach in seiner Gemeinde, zu der Bettingen gehörte, für Sitte und Ordnung zu sorgen. In den Akten schlagen sich vor allem im 18. Jahrhundert Klagen über Separatisten in Bettingen nieder, die nicht am Gottesdienst in Riehen teilnehmen wollten und in nächtlichen Treffen die Bibel auslegten.[28] Eine direkte religiöse Instanz fehlte im Dorf. Johann Rudolf Huber, der 1794 Pfarrer von Riehen und Bettingen wurde, vermerkte in einem Bericht über die Kirchgemeinde, dass unter den drei Bannbrüdern, welche die Aufsicht über die Kirchgemeinde hatten, kein Bettinger war. 1797 ernannte er neu zehn Bannbrüder, wovon drei aus Bettingen stammten.[29] Von 1803 bis 1864 waren immer drei Bettinger Teil des Bannes und nahmen damit auch wichtige Kontrollfunktionen in der Gemeinde wahr.[30]

DORF OHNE KIRCHE

Noch bis ins 17. Jahrhundert übten die Pfarrer von Grenzach zweimal jährlich ihr Predigtamt in der Chrischonakirche aus, nämlich immer an Ostern und am Pfingstmontag.[31] Der reformierte Pfarrer Gottlieb Linder hielt in der ersten Kirchengeschichte von Riehen und Bettingen 1884 die Überlieferung fest, dass das Dorf das Recht gehabt habe, vom Pfarrer in Grenzach alle vierzehn Tage einen Gottesdienst auf St. Chrischona zu verlangen, da man der Kirche in Grenzach bis 1848 Zehntenleistungen erbrachte.[32] 1851 konnte die Gemeinde Bettingen ihre Zehntenverpflichtung an Grenzach mit dem einmaligen Betrag von elftausend neuen Schweizer Franken auflösen.[33]

Seit der Reformation tauchen Bettingerinnen und Bettinger im Taufbuch der Kirchgemeinde Riehen-Bettingen auf. Sie liessen sich in der Dorfkirche von Riehen taufen und trauen. Seit dem 17. Jahrhundert ist in der Amtsordnung der Pfarrer von Riehen-Bettingen festgehalten, dass sie am Pfingsmontag auf St. Chrischona zu predigen haben. Der Erlös des Opfers nach dieser Predigt war der Armenkasse Bettingen zugedacht. Noch in den 1970er-Jahren beauftragte der Bürgerrat

Wohin gingen die Bettinger an hohen Feiertagen, wenn sie ein Kind tauften oder jemanden bestatteten? Wenn immer möglich wurden Abdankungsfeiern in Bettingen gehalten. Bestattung des im Militärdienst tödlich verunfallten Max Bertschmann-Jenny 1963.

von Bettingen seinen Kassier, den Opferstock mit dem Geld nach Bettingen zu holen. Man habe dann aus dem Fenster geschaut, wer den Weg zur Kirche unter die Füsse genommen habe: «Wär isch gange?», lautete die Standardfrage. Die meisten der Dorfgemeinschaft seien dem Gottesdienst ferngeblieben.[34]

Zum traditionellen Gottesdienst am Pfingstmontag kamen im Winter alle zwei Wochen Bibelstunden im Dorf hinzu. Diese wurden jedoch kaum von Männern besucht, wie den Klagen der Gemeindepfarrer im «Kirchenboten» der Gemeinde Riehen-Bettingen entnommen werden kann.[35] An besonderen Feiertagen gab es jeweils einen Bibelabend oder einen Gottesdienst in einem der Schulzimmer oder in der Turnhalle des alten Schulhauses.

Einmal wöchentlich trafen sich Bettingens Mädchen im «Jugendbund» bei der Chrischona-Schwester Elisabeth Pfaff zum Stricken und Plaudern. «Das war der einzige bewilligte Ausgang», betont Anna Tanner-Frei heute.[36] Die Mädchen versammelten sich im «Stübli» der Schwester im einstigen Kleinkinderschulhaus, man las aus den Losungen vor, einem Büchlein mit kurz interpretierten Bibelversen, betete gemeinsam und konnte sich dann in einem ausserfamiliären Rahmen austauschen. Besonders attraktiv war die «Bibliothek» der Schwester, eine Sammlung von Büchern, die in einer grossen Kiste aufbewahrt wurde und aus der später die Gemeindebibliothek entstand.[37]

VON TOTEN UND GRÄBERN

Ebenso wie in der Stadt platzten auch in den Landgemeinden Riehen und Bettingen die Kirchhöfe aus allen Nähten. Bis das Sanitätsdepartement des Kantons Basel-Stadt 1886 auch in den Landgemeinden die Bestattungen übernahm, waren diese Aufgabe der Einwohnergemeinden. Beim Begräbnisplatz auf St. Chrischona, wo Bettingen bis 1828 seine Toten bestattete, hatte man nebst dem Platzmangel ein weiteres Problem: Im steinigen Untergrund konnten die Gräber oft nur etwa einen Meter tief ausgehoben werden, so dass das weidende Vieh gelegentlich unverweste Leichen wieder an die Oberfläche brachte. 1828 war die Verwahrlosung so gross, dass man die Chrischonamauer auf Gemeindekosten ausbesserte, um die Leichen vor den Schweinen zu schützen.[38] Ebenso wie Riehen brauchte Bettingen dringend einen neuen Gottesacker. Das Dorf entschied, sich an einer neuen Anlage in Riehen zu beteiligen und übernahm rund zwanzig Prozent der Kosten. Der Gottesacker an der Mohrhalde wurde 1828 gebaut, 1864 erweitert und 1898 aus Platzgründen geschlossen. Da man bei der Planung nur mit etwa sieben Bestattungen pro Jahr rechnete, Riehen hingegen enorm wuchs, beschloss Bettingen, nun doch einen eigenen Begräbnisplatz einzurichten. Bei der Planung begnügte man sich mit einer Fläche von neunhundert Quadratmetern. Der Gottesacker «Im Silberberg» wurde 1881 eingeweiht und ist bis heute in Betrieb.[39] Bis zum Bau des Bettinger Kirchleins wurden die Abdankungen in der Turnhalle des alten Schulhauses gehalten.

EINE KIRCHE FÜR DAS DORF

In den 1950er- und 1960er-Jahren wuchs Bettingen stark. War es für die alteingesessenen Bettingerinnen und Bettinger normal, keine Kirche zu haben, fehlte den Neuzuzügern eine solche. Zudem hatte das Wachstum in Riehen zu Neuerungen in der Kirchgemeinde geführt. 1955 wurde der Bau des Andreashauses in Riehen in Angriff genommen und ein dritter Gemeindepfarrer für die Kirchgemeinde Riehen-Bettingen genehmigt. Die Pläne für die 1964 eingeweihte Kornfeldkirche in Riehen lagen bereits in den 1950er-Jahren vor.[40] Damals wurde in Bettingen ein Schulhausneubau beschlossen. Die Frage drängte also, wo man zukünftig die Abdankungen halten solle. Man begann, sich für eine eigene Kirche einzusetzen. Am 29. Januar 1962 hatte der Basler Kirchenrat über den Kauf einer Kapelle für Bettingen zu befinden: Man wolle, hiess es da, dem unwürdigen Zustand von Gottesdiensten und Abdankungen in Schulhaus und Turnhalle ein Ende setzen. Vorgeschlagen wurde der Kauf der methodistischen Kapelle, die an der General Guisan-Strasse im Basler Neubadquartier stand.[41] Kirchenrat und Synode erklärten sich bereit, die Holzkapelle zu erwerben und nach Bettingen zu versetzen.

Kirchli Bettingen, 2010. Am Sonntag, den 9. Juni 1963, wurde die evangelische Kapelle an der Brohegasse 3 als Provisorium eingeweiht. Seither findet jeden zweiten Sonntag ein Gottesdienst im Kirchlein statt, es wird von einer Kinderkrabbelgruppe benutzt, hier treffen sich der Frauenverein und die «Altersstube». Zudem dient das bis heute anhaltende Provisorium dem Dorf als ökumenische Friedhofskapelle.

1994 erhielt Bettingen erstmals in seiner Geschichte eine eigene Pfarrstelle. Der zu fünfundzwanzig Prozent angestellte Pfarrer wohnte damals noch nicht im Dorf. Mit der Neubesetzung der Pfarrstelle im Jahr 1999 zog erstmals ein Seelsorger nach Bettingen. Pfarrer Stefan Fischer begann mit einem aktiven Gemeindekreis das Sozialleben im Dorf mitzugestalten. Nebst Gottesdiensten und seelsorgerischer Arbeit übernahm er die kurze Predigt vor dem Banntag, führte ein Erntedankfest ein, veranstaltete Bibelabende und gründete den Mittagstisch im Café Wendelin. Dieser wird in ehrenamtlicher Arbeit von Gertrud Volkart und einem Team von Frauen geführt.

Bald entstand der Wunsch, die Pfarrstelle auf fünfzig Prozent zu erhöhen. 2006 wurde das Projekt «Pfarrstelle Bettingen» ins Leben gerufen. Die Projektgruppe schlug bei der Kantonalkirche und dem Kirchenvorstand Riehen-Bettingen eine Fremdfinanzierung von zusätzlichen fünfundzwanzig Prozent durch Gönnerinnen und Gönner vor. Damit konnte Bettingen seine Pfarrstelle in einer Zeit des allgemeinen kirchlichen Abbaus auf eine halbe Stelle aufstocken. Bis 2008 übernahmen die Kantonalkirche und die Kirchgemeinde die Anschubfinanzierung. Seither finanziert das Dorf fünfundzwanzig Prozent des Gehalts seines Pfarrers selbst. Ein grosser Teil kommt über Spenden und über die Einnahmen am jährlichen «Kirchlifest» zusammen.

Die in den 1960er-Jahren gegründete «Altersstube» ist, obschon man sich monatlich in der kleinen Kirche trifft, nicht kirchlich organisiert. Gegründet hatte sie Clara Müller-Bertschmann, Frau des langjährigen Gemeindepräsidenten Wilhelm A. Müller-Bertschmann. Ihre Idee war es, betagten Bettingerinnen und Bettingern einen Ort der regelmässigen Begegnung und des gemütlichen Beisammenseins zu geben. Bis heute leitet Edith Bloch-Müller, die Tochter der Gründerin, die «Altersstube».

Der Schleier der Braut flattert im Wind, sie beugt sich nach etwas am Boden, der Bräutigam bewegt sich mit, sie lachen, im Hintergrund steht die St. Franziskuskirche in Riehen:. Die Fotografie vom Hochzeitstag Anna Tanner-Freis aus dem Jahr 1959 passt zu ihrem Leben. Sie ist eine agile Ur-Bettingerin mit einem katholischen Hintergrund. Als ihr Vater, der Fabrikarbeiter Fritz Frei, das im Dorf angestellte Dienstmädchen Anna Weis von Rührberg heiraten wollte, war das Gerede gross. Es war eine Tatsache, dass die Bettinger ihre Frauen gern jenseits der Grenze holten. Aber katholisch, das sollten sie nicht sein. Fritz Frei heiratete Anna Weis dennoch. Bei der Trauung 1925 unterschrieb er, dass seine Kinder katholisch erzogen würden. Diese Unterschrift war dem Vater wichtig und er achtete darauf, dass seine vier Kinder jeden Sonntag zur Messe gingen. Es erstaunt daher nicht, dass in Anna Tanners Vokabular das Wort Ökumene eine grosse Selbstverständlichkeit hat. Bei ihren Eltern fand eine interkonfessionelle Begegnung statt, lange bevor sie propagiert wurde. Der Vater Fritz blieb reformiert, war aber kein Kirchgänger. Die Mutter besuchte regelmässig die Messe und lebte einen tiefen Glauben. Fritz Frei rumpelte manchmal über die den Bettingern fremde «Kirchenrennerei». Aber man liess sich leben. «Dem Vater war halt wichtig, dass wir im Dorf integriert waren.» Der älteste Bruder von Anna entschied sich nach dem Gymnasium für ein Theologiestudium und trat dem Orden der damals in der Schweiz verbotenen Jesuiten bei.

Die konfessionellen Verhältnisse, in denen Anna und ihre Geschwister aufwuchsen, waren für Bettingen untypisch – und entsprechend entwickelte sich ihre Laufbahn. Anna heiratete nach einer Verkaufslehre René Tanner, sie wurde Mutter von fünf Kindern, das Paar baute sich ein Haus in Bettingen. Unterbeschäftigt war sie nicht, als die Pfarrei die Fünfunddreissigjährige nach einer Messe im Jahr 1972 anfragte, ob sie sich zur Religionslehrerin ausbilden lassen wolle. Die Pfarrer hätten kaum mehr Zeit für den Unterricht: «Sie haben fünf Kinder und einen Mann, der Lehrer ist, sie können doch das.» Anna Tanner entschied sich für die vierjährige berufsbegleitende Ausbildung. Nach den ersten Unterrichtsjahren in Bettingen wurde sie bald aktiv in der ökumenischen Unterrichtskommission Riehen-Bettingen, sie war von 1991 bis 1994 sowie von 1999 bis 2007 Vizepräsidentin und von 1994 bis 1995 Präsidentin des Pfarreirates. Seit 1999 ist Anna Tanner Ansprechperson für die Sozialarbeiterin der Pfarrei und vertritt diese gegenüber der Gemeinde Riehen, mit der ein Leistungsauftrag besteht.

Religionsunterricht, ihre geliebte «Reli», erteilte sie nicht nur in Riehen und Bettingen, sondern auch im Bläsi- und Gellertschulhaus sowie an der Gehör- und Sprachheilschule Riehen. «Mein Mann verteilte die Haushalt-Ämtli auf unsere fünf Kinder, weil ich nun auch Hausaufgaben hatte.» Anna Tanner musste lernen, sich abzugrenzen und Zeit für sich einzufordern. «Ich war noch geprägt von der alten Schule der Frauenrolle.» Nun wuchsen ihr neue Freiräume ans Herz: «Als mein Mann pensioniert wurde, nahm ich einen Kurs: ‹Wie behalte ich meine Freiheit?›» René Tanner serviert einen Kaffee und erklärt am Telefon, seine Frau habe grad eine Besprechung. «Ich hätte den Kurs nicht besuchen müssen», schmunzelt Anna Tanner.

ANNA TANNER-FREI

Katholiken waren in Bettingen keine Ansässigen: Sie kamen aus der badischen Nachbarschaft, aus Österreich oder der Innerschweiz. 1847 lebten im Dorf genau vier Katholiken, zwei Männer und zwei Frauen. Sie gehörten der Unterschicht an und arbeiteten als Mägde oder Knechte.[42] Auch heute ist Bettingens religiöse Vielfalt sehr beschränkt.

RELIGIONSSTATISTIK BETTINGEN

Bevölkerung Bettingens nach Religion 1910–2008

	1910	1920	1930	1941	1950	1960	1970	1980	1990	2000	2008
protestantisch	452	489	549	390	486	670	875	792	639	588	422
römisch-katholisch	5	16	22	50	63	81	156	179	185	193	187
christkatholisch	–	–	0	0	0	5	4	3	4	4	2
israelitisch	0	0	0	1	1	1	4	4	4	4	2
andere	–	–	–	–	–	–	–	6	22	38	83
ohne Konfession	0	0	3	0	3	8	23	191	236	352	460
islamisch	–	–	–	–	–	–	–	0	0	4	4
ostkirchlich	–	–	–	–	–	–	–	2	2	4	15
Total	457	505	574	441	553	765	1062	1177	1092	1178	1175

Die Religionsstatistik Bettingens zeigt den gemächlichen Wandel des Bergdorfs auch in religiöser Hinsicht. Zwar stieg die Zahl der Katholiken im Dorf an, blieb aber bis 1970 mit etwas über zehn Prozent der Gesamtbevölkerung immer noch klein. Andere Konfessionen waren bis dahin praktisch nicht vertreten. Seit 1980 verlagerte sich das Verhältnis. Während die Konfessionslosen und die Zugehörigen anderer Religionen von 1980 bis 2008 um mehr als das Doppelte zunahmen, sank die Zahl der protestantischen Bevölkerung im selben Zeitraum um fast die Hälfte. Die römisch-katholische Bevölkerung bleibt zahlenmässig seit 1980 gleich, ebenso die wenigen Zugehörigen anderer Konfessionen. Der enorme Rückgang der kirchlich gebundenen Einwohnerinnen und Einwohner entspricht einer allgemeinen Tendenz.[43]

MINDERHEIT OHNE AUSGRENZUNG

Am 18. April 1971 fand im reformierten Bettinger Kirchlein die erste katholische Messe statt.[44] Zweiwöchentlich feierten Bettingens Katholiken am Samstagabend die heilige Messe. Dieses Gastrecht musste wegen Personalmangels in den 1980er-Jahren wieder fallengelassen werden. Seither treffen sich die aktiven Pfarreimitglieder wie zuvor in der St. Franziskuskirche in Riehen, die seit 1950 besteht.

Die Pfarrei Riehen und Bettingen wurde 1911 von der Pfarrei St. Clara abgetrennt. Bereits seit 1899 gab es in Riehen einen katholischen Sonntagsgottesdienst in der ehemaligen Friedhofkapelle an der Mohrhaldenstrasse. Zuvor besuchte man von Bettingen aus die Messe eher in der badischen Nachbarschaft. 1911 zählte die katholische Gemeinde aber bereits sechshundert Mitglieder, so dass die kleine Friedhofskapelle bei Weitem nicht mehr ausreichte. 1914, im ersten Kriegswinter, feierte man die Eröffnung der Herz-Jesu-Kapelle in Riehen. Die wenigen Bettinger Katholiken heirateten, tauften und feierten ihre Abdankungsfeiern dort. Die alte Kapelle wurde 1967 abgerissen.

Während die reformierten Kinder zu einer Chrischona-Schwester in die Sonntagsschule gingen, nahmen ihre katholischen Spielgefährten den Weg nach Riehen unter die Füsse: «Für uns hat die Konfession damals keine Rolle gespielt», erinnert sich die katholisch aufgewachsene Anna Tanner-Frei, «denn es galten für alle dieselben Regeln: Wir durften nicht unverheiratet zusammenziehen, mussten zur selben Zeit nach Hause und sonntags zur Kirche oder in die Sonntagsschule. Das hat sich einfach so gehört.»[45] Die ersten katholischen Familien in Bettingen pflegten alle den Kontakt zur Pfarrei in Riehen und nahmen aktiv am Pfarreileben teil. Man traf sich im Chor oder in Kommissionen, pflegte aber im Dorf keine besonders enge Beziehung. Die St. Franziskuskirche in Riehen bleibt bis heute das Zentrum des religiösen Lebens der Bettinger Katholiken.

1. Moosbrugger-Leu 1985, S. 39f.
2. Iselin 1963, S. 37.
3. Moosbrugger-Leu 1985, S. 18–24.
4. Iselin 1963, S. 37, und Langer, Rudolf: Die uralten Sagen von Sankt Chrischona, in: Basellandschaftliche Zeitung, 28.07.1982.
5. Zit. nach Moosbrugger-Leu 1985, S. 13f.
6. Ebd., S. 12–16, und URL: http://altbasel.com/fromm/ st.chrischona.html, Zugriff: 25.09.2010.
7. Moosbrugger-Leu 1985, S. 12ff.
8. Stückelberg 1917, S. 54.
9. Moosbrugger-Leu 1985, S. 41.
10. Stückelberg 1917, S. 58.
11. Linder 1884, S. 57.
12. Zit. nach Iselin 1963, S. 50.
13. Linder 1884, S. 94.
14. Bruckner 1753, S. 834.
15. Iselin 1963, S. 38.
16. Linder 1884, S. 164.
17. Iselin 1963, S. 63.
18. Haag 2000, S. 6f.
19. Schnyder 2007, S. 33.
20. Veiel 1940.
21. URL: www.inforel.ch/i1083.html, Zugriff: 30.09.2010.
22. Veiel 1940, S. 52.
23. Gespräch mit Markus Müller, 08.06.2010.
24. Gespräch mit Markus Müller, 08.06.2010.
25. Schnyder 2007, S. 38f.
26. Linder 1884, S. 10, und Iselin 1963, Kartenbeilage.
27. Raith 1999, S. 21.
28. Linder 1884, S. 136 und 138.
29. Ebd., S. 141.
30. Ebd., S. 148–152.
31. Iselin 1963, S. 47.
32. Linder 1884, S. 90.
33. Iselin 1963, S. 48.
34. Gespräch mit Anna Tanner-Frei, 10.09.2010.
35. Wegweiser, evangelische und reformierte Kirche von Basel-Stadt, Basel 1912, und Kirchenbote Gemeinde Riehen-Bettingen, Jg. 3 (1936/37).
36. Gespräch mit Anna Tanner-Frei, 10.09.2010.
37. Kiefer 2010.
38. Iselin 1963, S. 62.
39. Meyrat 2007, S. x.
40. Schnyder/Meyrat/Koellreuter/Hagmann/Hess 2010, S. 339f.
41. Ratschlag betreffend Kauf einer Kapelle für Bettingen, 29.01.1962, Zeitschriftenarchiv, Universitätsbibliothek Basel-Stadt, Nat.Ök Zx 185.
42. Suter 1999, S. 27f.
43. Schnyder/Meyrat/Koellreuter/Hagmann/Hess 2010, S. 328.
44. Suter 1999, S. 99.
45. Gespräch mit Anna Tanner-Frei, 10.09.2010.

ANHANG

PERSONENREGISTER

Im folgenden Register sind sämtliche im Buch genannten Personen aufgeführt. Die Lebensdaten sind aufgeführt, soweit sie ermittelt werden konnten.

QUELLEN UND LITERATUR

ARCHIVE UND SAMMLUNGEN

Privatarchiv Johannes Wenk-Madoery, Riehen.
Sammlung Michael Raith, Ordner 1–3,
Gemeindeverwaltung Bettingen.
Schweizerisches Bundesarchiv, Bern (BAR).
Staatsarchiv des Kantons Basel-Stadt (StABS).

GESPRÄCHE

Gespräch mit Pascale und Markus Affolter-Gourdeau,
Bettingen, 2. Juni 2010.
Gespräch mit Konrad Baeschlin-Glauser, Bettingen,
11. Mai 2010.
Gespräch mit Nelly Bernhard-Schlup, Bettingen,
24. September 2010.
Gespräch mit Martha Bertschmann, Bettingen,
22. September 2010.
Gespräch mit Martha Bertschmann, Marie Häner-Schlup,
Elsa Stebler-Zuppinger und Lily Tschanz-Wagner, Bettingen,
6. April 2010.
Gespräche mit Willi Bertschmann-Unholz, Bettingen,
10. und 11. Februar und 12. April 2010.
Gespräch mit Willi Bertschmann-Unholz, Elsa Stebler-
Zuppinger und Lily Tschanz-Wagner, Bettingen,
22. September 2010.
Gespräche mit Willi Bertschmann-Unholz und Anna
Tanner-Frei, Bettingen, 10. und 25. Februar und
28. August 2010.
Gespräche mit Edith Bloch-Müller, Bettingen, 22. September
und 15. Oktober (Telefonat) 2010.
Gespräch mit Patrick Götsch-Währer, Bettingen,
12. April 2010.
Gespräch mit Hanspeter Kiefer-Volkart, Bettingen,
10. Juni 2010.
Gespräch mit Wolfgang Leiser, Bettingen,
4. Oktober 2010.
Gespräch mit Jakob Manger-Schmidt, Riehen,
6. Mai 2010.
Gespräch mit Markus Müller, Bettingen/Chrischona,
8. Juni 2010.
Gespräche mit Walter Spaar-Wallin, Bettingen,
20. Februar und 30. Juni 2010.
Gespräch mit Schwester Myrtha Spörri, Bettingen/
Chrischona, 15. Juni 2010.
Gespräch mit Lily Tschanz-Wagner, Bettingen,
22. September 2010.
Gespräche mit Anna Tanner-Frei, Bettingen,
31. März, 17. August und 10. September 2010.
Gespräch mit Johannes Wenk-Madoery, Riehen,
14. April 2010.

FILM

Gudrun Zaugg-Peckmann: Bettingen um 1960/65. Szenen
aus dem Dorfleben, 50' 20'', Besitz: Katharina Zaugg, Basel.

LITERATUR

Das Literaturverzeichnis nennt nur Literatur, die in den
Anmerkungen zitiert wird. Es ist weder eine Bibliografie von
Standardwerken, noch bildet es den vollen Umfang des
verwendeten Materials ab. Artikel aus Zeitungen und
Nachschlagewerken sowie Internet finden sich direkt in den
Anmerkungen und sind hier nicht aufgeführt.

Ammann, Julius: Appezeller Spröch ond Liedli, Herisau 1976.

Amstutz, Marcel: Bettinger Naturkonzept 2001, unveröffentlichtes Typoskript, 2001.

Amstutz, Marcel: Natur- und Landschaftskonzept Bettingen,
unveröffentlichtes Typoskript, 1990.

Arendt, Hannah: Vita Activa oder vom tätigen Leben,
München 1994, 8. Aufl.

Baettig, Marco: Die Rückkehr der Wildschweine, in: z'Rieche,
Jg. 36 (1996), S. 164–175.

Bloch, Urs: Grenzgänger aus Südbaden in Basel-Stadt in den
ersten Jahren nach dem Zweiten Weltkrieg, in: Basler
Zeitschrift für Geschichte und Altertumskunde,
Bd. 95 (1995), S. 207–235.

Bruckner, Daniel: Versuch einer Beschreibung historischer
und natürlicher Merkwürdigkeiten der Landschaft Basel,
8. Stück: Beticken, Basel 1753.

Burgermeister, Gaby: Die Flurnamen der Gemeinde
Bettingen, Basel 1995.

Dettwiler-Ammann, Hedwig: Erinnerungen einer Grossmutter,
unveröffentlichtes Typoskript, 2005.

Fischer, Lorenz / Katzenmaier, Christoph: Die wildwachsen-
den Orchideen von Riehen und Bettingen, in: z'Rieche,
Jg. 32 (1992), S. 144–153.

Gemeinderat Bettingen (Hg.): Unser kleines Dorf mit
Charme, Bettingen 1995.

Grass, Richard: Mehr Wärme dank Zusammenschluss, in:
z'Rieche, Jg. 50 (2010), S. 112–117.

Grolimund, Markus: Die Autonomie der basel-städtischen
Landgemeinden Riehen und Bettingen, Diss. Basel, 1983.

Haag, Klaus: Handlanger am Bau Gottes. Eine kleine
Geschichte der Chrischona-Kirche und der Pilgermission
St. Chrischona, Bettingen 2000.

Iselin, Ludwig Emil: Geschichte des Dorfes Bettingen.
Festschrift zur Feier der 450-jährigen Zugehörigkeit
Bettingens zu Basel, 1513–1963, revidiert und bis zur
Gegenwart fortgeführt von Albert Bruckner, Basel 1963.

Jaquet-Anderfuhren, Nicolas: Riehen im Zweiten Weltkrieg,
in: z'Rieche, Jg. 25 (1985), S. 76–108.

Kiefer, Hanspeter: 100 Jahre Lese- und Verkehrsverein,
unveröffentlichtes Typoskript 2010.

Krattiger, Hans: Julius A. alias Sebastian Hämpfeli, in:
z'Rieche, Jg. 22 (1982), S. 155–167.

Kreis, Georg: Goldene Jahre, in: Kreis, Georg / von Wartburg,
Beat: Basel – Geschichte einer städtischen Gesellschaft,
Basel 2000, S. 268–305.

Kühne, Günther: Keine Röhre. Ein Fernsehturm für Basel,
in: Bauwelt. Baukunst, Bautechnik, Bauwirtschaft,
Jg. 65 (1974), S. 1401.

Leuenberger, Martin: 1830 bis 1833: Der neue Kanton, in: Nah dran, weit weg. Geschichte des Kantons Basel-Landschaft, Bd. 5, Liestal 2001, S. 171–182.

Linder, Gottlieb: Geschichte der Kirchgemeinde Riehen-Bettingen, Basel 1884.

Manasse, Christophe / Tréfás, Dávid: Vernetzt, versorgt, verbunden – die Geschichte der Basler Energie- und Wasserversorgung, hg. von den Industriellen Werken Basel, Basel 2006.

Meier, Eugen A.: Basler Almanach. Ein authentischer Geschichtskalender der Stadt und Landschaft Basel durch die Jahre 374 bis 1914, Basel 1988.

Meyer, Karl: «Göttin Diana, ich danke dir!» Der Riehener Jagdaufseher erzählt, in: z'Rieche, Jg. 19 (1979), S. 38–47.

Meyer, Paul: Mit der Bahn auf St. Chrischona, in: z'Rieche, Jg. 5 (1965), S. 93–108.

Meyrat, Sibylle: Der lange Weg zum Zentralfriedhof – ein Blick in die Geschichte, in: Gabriel, Peter / Osswald, Franz (Hg.): Am Ende des Weges blüht der Garten der Ewigkeit. 75 Jahre Friedhof am Hörnli. Bestattungskultur im Kanton Basel-Stadt, Basel 2007, S. 16–79.

Moehring, Gerhard: Die rechtsrheinische Grenze von Basel, in: Das Markgräflerland, Jg. 35, Bd. 1/2 (1973), S. 16–24.

Moehring, Markus / Zuckert, Martin (Hg.): Halt Landesgrenze – Schmuggel und Grenzentwicklung im Dreiländereck, Lörrach 2000.

Moosbrugger-Leu, Rudolf: Die Chrischonakirche von Bettingen. Archäologische Untersuchungen und baugeschichtliche Auswertung, (Materialhefte zur Archäologie in Basel, H. 1), Basel 1985.

Müller, Willy A.: Aktuelle Probleme der Gemeinde Bettingen, in: z'Rieche, Jg. 19 (1979), S. 78–89.

Pilgermission St. Chrischona. Gestern – Heute, Bettingen 1980.

Raith, Michael: Grenzen entlang (Teil 1), in: z'Rieche, Jg. 44 (2004), S. 47–69.

Raith, Michael: Katholisches Riehen von den Anfängen bis zur Religionsfreiheit, in: Menschen zur Gemeinschaft führen. 1899–1999: 100 Jahre Katholische Kirche in Riehen und Bettingen, hg. von der römisch-katholischen Pfarrei St. Franziskus Riehen/Bettingen, Riehen 1999, S. 8–23.

Raith, Michael: Gemeindekunde Riehen, hg. vom Gemeinderat Riehen, Riehen 1988, 2. überarbeitete und aktualisierte Aufl. [1. Aufl. 1980].

Reimann, Renate: Neue und alte Grenzsteine zwischen Grenzach-Wyhlen und Bettingen/Riehen, in: Das Markgräflerland, Jg. 65, Bd. 1 (2003), S. 52–72.

Richter, Erhard: Grenzach-Wyhlen – ein historischer Überblick, in: Das Markgräflerland, Jg. 63, Bd. 2 (2001), S. 5–17.

Richter, Erhard: Beiträge zur Geschichte von Grenzach-Wyhlen und Umgebung, hg. von der Gemeinde Grenzach-Wyhlen, Schopfheim 1999.

Ritzmann, Hans: Bauernhäuser in Bettingen, hg. von der Denkmalpflege Basel, Basel 1898/99.

Rytz, Hansruedi: Chronik Reha Chrischona, Bettingen 2010.

Schmid, Edgar (Hg.): Wenn Gottes Liebe Kreise zieht. 150 Jahre Pilgermission St. Chrischona, Giessen/Basel 1990.

Schnyder, Arlette / Meyrat, Sibylle / Koellreuter, Isabel / Hagmann Daniel / Hess, Stefan: Riehen – ein Porträt, Basel 2010.

Schnyder, Arlette: Pilgersöhne und Frauenrechte, in: z'Rieche, Jg. 47 (2007), S. 31–41.

Schuppli, Andreas: Neu geordnet. Basel-Stadt und seine Gemeinden, in: Basler Stadtbuch, Jg. 128, 2007, S. 98/99.

Schweizerische Heraldische Gesellschaft (Hg.): Archives heraldiques suisses, Jg. 34, Nr. 1 (1920).

Seiler, Lukrezia: Geschichten von Flucht, Verweigerung und Hilfe, in: z'Rieche, Jg. 44 (2004), S. 31–45.

Seiler, Lukrezia / Wacker, Jean-Claude: «Fast täglich kamen Flüchtlinge». Riehen und Bettingen – zwei Schweizer Grenzdörfer in der Kriegszeit. Erinnerungen an die Jahre 1933–1948, Riehen 1997.

Stückelberg, Ernst Alfred: Die Wallfahrtskirche St. Chrischona, in: Stückelberg, Ernst Alfred (Hg.): Basler Kirchen. Bestehende und eingegangene Gotteshäuser in Stadt und Kanton Basel, Bd. 1, Basel 1917, S. 50–59.

Suter, Stefan: Geschichte der Riehener Katholiken von der Mitte des 19. Jahrhunderts bis zur Gegenwart, in: Menschen zur Gemeinschaft führen. 1899–1999: 100 Jahre katholische Kirche in Riehen und Bettingen, hg. von der römisch-katholischen Pfarrei St. Franziskus Riehen/Bettingen, Riehen 1999, S. 26–121.

Vademekum der Basler Privatspitäler 2009.

Veiel, Friedrich: Die Pilgermission von St. Chrischona, Basel 1940.

Verkehrsverein Bettingen (Hg.): Bettingen. Gedichte von Sebastian Hämpfeli alias Julius Ammann (1882–1962), Basel 1999.

Verkehrsvereine Riehen und Bettingen (Hg.): Verhältnis Landgemeinden – Kanton, Tag der Landgemeinden im Wenkenhof, 5. November 1983, Riehen 1984.

Vögelin, Hans Adolf: Von der Französischen Revolution bis zur Gegenwart (1798–1970), in: Bruckner, Albert (Red.): Riehen. Geschichte eines Dorfes. Zur Feier der 450-jährigen Zugehörigkeit Riehens zu Basel, 1522–1972, hg. vom Gemeinderat Riehen, Riehen 1972, S. 319–410.

Weissenberger, Patrick: Die Evakuationsfrage in Basel, in: Guth, Nadja / Hunger, Bettina (Hg.): Réduit Basel 39–45. Katalog zur Ausstellung des Historischen Museums Basel in der Stückfärberei, Kleinhüningen, 4. November 1989 bis 28. Januar 1990, Basel 1989, S.19–29.

BILDNACHWEIS

LAGE UND LANDSCHAFT
S. 12: Staatsarchiv Basel-Stadt, BSL 1013 1-6774 1,
Foto: Hans Bertolf
S. 15: Marcel Amstutz
S. 16: Staatsarchiv Basel-Stadt, BSL 1013 1-1797 1,
Foto: Hans Bertolf
S. 18 Staatsarchiv Basel-Stadt BSL 1013 1-7241 1,
Foto: Hans Bertolf
S. 20: Privatsammlung Ernesto Cenci
S. 21: Beilage zu Iselin 1963
S. 22/23: Ursula Sprecher
S. 25: Marcel Amstutz, Dieter Abt
S. 27: Staatsarchiv Basel-Stadt, BSL 1002b 5-60-2

POLITIK UND GEMEINSCHAFT
S. 30: Staatsarchiv Basel-Stadt, BSL 1013 1-3686,
Foto: Hans Bertolf
S. 32: Ursula Sprecher
S. 33: Privatsammlung Reinhard Brunner
S. 36/37: Ursula Sprecher
S. 40: Staatsarchiv Basel-Stadt, BILD Falk. Fb 1.6
S. 43: Archiv Johannes Wenk-Madoery
S. 44: Privatsammlung Konrad Bäschlin
S. 47: Staatsarchiv Basel-Stadt, BSL 1013 1-3157 1,
Foto: Hans Bertolf
S. 49 oben: Gemälde von Jean-Jaques Lüscher,
Besitz Gemeinde Bettingen, unten: Dokumentationsstelle
Riehen, Zeitungsdokumentation, Bettingen.
S. 51: Staatsarchiv Basel-Stadt, BSL 1013 1-4180 1,
Foto: Hans Bertolf
S. 53: Ursula Sprecher

ERSCHLIESSUNG UND MODERNISIERUNG
S. 54: Staatsarchiv Basel-Stadt, BSL 1013 1-4057 1,
Foto: Hans Bertolf
S. 58: Basler Verkehrbetriebe
S. 61: Staatsarchiv Basel-Stadt, NEG 193
S. 62: Privatarchiv Johannes Wenk-Madoery
S. 64/65: Ursula Sprecher
S. 67: Ursula Sprecher
S. 68: Beat Fehr
S. 70: Ursula Sprecher
S: 71: Privatarchiv Johannes Wenk-Madoery

WOHNEN
S. 72: Privatsammlung Hanspeter Kiefer
S. 76: Privatsammlung Konrad Bäschlin
S. 77: Archiv Johannes Wenk-Madoery
S. 79 oben: Staatsarchiv Basel-Stadt, BALAIR 3721, unten:
Staatsarchiv Basel-Stadt, BALAIR 64067
S. 83: Privatsammlung Konrad Bäschlin
S. 85: Metron AG
S. 86/87: Ursula Sprecher
S. 90: Archiv Johannes Wenk-Madoery
S. 91: Staatsarchiv Basel-Stadt, NEG 2094
S. 92: Diakonissen-Mutterhaus St. Chrischona

ARBEIT
S. 94: Privatsammlung Nelly Bernhard-Schlup
S. 96: Privatsammlung Martha Bertschmann
S. 97: Reproduktion Gerd Pinsker
S. 99: Privatsammlung Hanspeter Kiefer-Volkart
S. 100: Privatsammlung Reinhard Brunner
S. 101: Privatsammlung Konrad Bäschlin
S. 104 oben: Archiv Johannes Wenk-Madoery,
unten: Privatsammlung Willi Bertschmann
S. 105: Ursula Sprecher
S. 106–107: Ursula Sprecher
S. 110: Reha Chrischona, Foto: Stefan Schmidlin

SCHULE UND FREIZEIT
S. 112: Staatsarchiv Basel-Stadt, BSL 1013 1-2076 1,
Foto: Hans Bertolf
S. 114 oben: Privatsammlung Martha Bertschmann
S. 114 unten: Privatsammlung Hanspeter Kiefer-Volkart
S. 118/119: Ursula Sprecher
S. 121 oben: Staatsarchiv Basel-Stadt, BSL 1022 KA 4670
S. 121 unten: Privatsammlung Nelly Bernhard-Schlup
S. 122: Privatsammlung Johannes Wenk-Madoery
S. 125: Privatsammlung Margrit Spiess
S. 126 links: Staatsarchiv Basel-Stadt, BSL 1013 1-1037 1
S. 126 rechts: Staatsarchiv Basel-Stadt, BSL 1022 KA 2868
S. 127: Privatarchiv Johannes Wenk-Madoery
S. 129: Privatsammlung Konrad Baeschlin-Glauser

GRENZEN UND NACHBARN IN KRIEG UND FRIEDEN
S. 130: Dokumentationsstelle Riehen
S. 133: Staatsarchiv Basel-Stadt, Planarchiv A 1,26
S. 135: Peter Gabriel, Ursula Sprecher
S. 136: Privatsammlung Martha Bertschmann
S. 137 oben: Chronik Grenzposten Bettingen,
Kpl. Walter Schäfer
S. 137 unten: Privatsammlung Willi Bertschmann-Unholz
S. 139: Privatarchiv Johannes Wenk-Madoery
S. 141: Privatsammlung Nelly Bernhard-Schlup
S. 143: Privatsammlung Nelly Bernhard-Schlup
S. 144: Privatarchiv Johannes Wenk-Madoery
S. 145: Christoph Junck
S. 146/147: Ursula Sprecher

KIRCHE
S. 150: Archiv Johannes Wenk-Madoery
S. 153: Archiv Johannes Wenk-Madoery
S. 154: Ausgrabungsskizze in: Moosbrugger-Leu 1985, S. 41
S. 156: Pilgermission St. Chrischona
S. 158: Pilgermission St. Chrischona
S. 161: Staatsarchiv Basel-Stadt, BSL 1013 1-2122 1,
Foto: Hans Bertolf
S. 163: Ursula Sprecher
S. 164–165: Ursula Sprecher

Sibylle Meyrat, geboren 1972 in Basel, studierte Geschichte und Germanistik in Basel, Berlin und Freiburg im Breisgau. Von 2002 bis 2008 war sie Redaktorin der «Riehener Zeitung». Seit 2008 arbeitet sie freiberuflich als Historikerin und Journalistin. Sie ist Koautorin der 2010 erschienenen Publikation «Riehen – ein Porträt» und Redaktorin des «Riehener Jahrbuchs». Sibylle Meyrat wohnt in Basel.

Arlette Schnyder, geboren 1968 in Bafut, Kamerun, studierte in Basel Germanistik, Philosophie und Geschichte und promovierte 2006 im Fach Neuere Allgemeine Geschichte. Sie arbeitet als freischaffende Historikerin und Journalistin. Sie ist Koautorin der 2010 erschienenen Publikation «Riehen – ein Porträt». Arlette Schnyder wohnt mit ihrer Familie in Basel.

IMPRESSUM

Alle Rechte vorbehalten
© 2011 Gemeinde Bettingen
Herausgeberin: Gemeinde Bettingen
Gestaltung: Formsache, Sylvia Pfeiffer, Basel
Fotografie Porträts: Ursula Sprecher, Basel
Lektorat: Sabine Kronenberg, Basel
Druck: Reinhardt Druck Basel
ISBN: 978-3-7245-1759-7

www.reinhardt.ch